사찰 순례

사찰 순례

무엇을 어떻게 볼 것인가

———

초판 1쇄 펴낸날 2018년 3월 28일
지은이 조보연
펴낸이 박명권
펴낸곳 도서출판 한숲 / **신고일** 2013년 11월 5일 / **신고번호** 제2014-000232호
주소 서울시 서초구 서초대로 62 (방배동 944-4) 2층
전화 02-521-4626 / **팩스** 02-521-4627 / **전자우편** klam@chol.com
편집 남기준 / **디자인** 팽선민
출력·인쇄 금석인쇄

ISBN 979-11-87511-12-0 03220

값 28,000원

사찰 순례

무엇을 어떻게 볼 것인가

조보연 지음

한숲

책을 펴내며

먼저 불교와의 인연을 말하지 않을 수 없다. 내가 불교와 연을 맺은 것은 고등학교 1학년이던 1962년 추석날(9월 13일) 을지로 4가 국도극장 앞에서 우연히 사단법인 '룸비니'를 세운 법주님을 만난 것이 계기가 되었다. 당시 법주님은 수염을 길게 기르시고 검정 옷에 검정 고무신을 신고 계셔서 언뜻 보면 산에서 내려온 도인 같았다. 나를 보자마자 대뜸 볼을 잡으시더니 이름과 주소를 물으시고는, 공부 잘하고 있느냐면서 연락할 테니 다시 보자고 하셨다. 갑작스러운 일이라 당황하고 '내가 뭐 잘못한 게 있나' 은근히 겁도 났다. 이후 까맣게 잊고 있었는데 집으로 엽서가 날아왔다. 룸비니라는 단체 이름으로 법회를 안내하는 내용이었는데 대표자 이름이 서울대학교 법과대학 황산덕 교수였다. 당시 황산덕 교수는 동아일보에 군사정부를 비판하는 사설을 써서 학생들 사이에서 유명 인사였기 때문에 가보고 싶은 생각이 들었다. 날짜는 생각나지 않지만 10월 어느 토요일 오후로 기억된다. 종로 3가에 있는 대각사 승방에서 법회를 보는데 대학생 2~3명과 고등학생 30여 명이 참석했다. 그날 법주님 강설은 풋내기 고등학생이던 나에게 큰 충격이었다. 불교에 대해서는 전혀 아는 바가 없었고, 석가모니는 그저 세계 4대 성인 중 한 분으로만 알던 시절에 법주님의 강설은 대단한 설득력이 있었다. 이렇게 시작된 룸비니와의 인연이 56년이나 되었다.

그 사이 나는 의사, 대학 교수가 되었고, 결혼해서 아들 딸 낳고 사는 동안 힘들고 궂은 일이 있을 때마다 불교가 큰 힘이 되었다. 이런 믿음은 전적으로 법주님 감화에 힘입은 바 크다. 매주 룸비니에 나가 법회를 보고 법주님을 뵙고 말씀을 나누다 보면 늘 마음이 편안해지고 신심이 솟아났다. 다시 생각해봐도 법주님을 만나 불교, 그것도 정법을 배운 것은 내 일생에서 가장 잘한 일이었다. 법주님이 입적하신 지 벌써 2년이 지났다. 모습은 뵐 수 없지만 늘 곁에 계신 것만 같다.

절이 좋아서 틈만 나면 전국 사찰을 참배했다. 처음에는 여행, 등산, 기도도 할 겸해서 절을 찾았다. 일주문을 통과해 계곡과 다리를 건너 천왕문과 누각을 지나 대웅전에서 삼배를 올리고 잠시 앉아 마음을 쉬다가 돌아왔다. 절에 다녀오면 마음이 편안하고 참회를 한 느낌이 들어, 없던 의욕도 솟았다. 이렇게 몇 년 다니다 보니 절 안의 탑이며 불상, 불화와 건물들이 눈에 들어오기 시작했다. 안내판에 새겨진 글을 읽어 봐도 잘 이해가 안 돼 불교 문화재에 관한 책을 읽기 시작했다. 책 속의 도판을 보다 보니 내가 직접 보았던 문화재들을 사진으로 기록하고 다시 봐야겠다는 생각이 들었다. 마침 2000년대에 접어들면서 디지털 카메라가 나오고 하루가 다르게 성능이 좋아져서 사진에 문외한인 필자도 쉽게 촬영할 수 있었다. 이러다 보니 절을 찾는 목적이 부처님께 예배드리는 것보다 사진 촬영이 주가 되어 버렸다. 찍어온 사진을 분류해서 정리하기 위해 불교 문화재에 관한 자료를 검색하게 되었고, 나 나름대로 보는 눈이 생겼다.

어느덧 70 노인이 되다 보니 근래에는 유난히 선배, 동료들의 부고를 많이 접한다. 이제 뭔가 정리할 때가 된 듯하다. 가진 것을 나눠야 할 텐데, 가진 게 뭔가 생각해보니 의사로서의 지식과 경험, 그리고 사찰 순례하며 찍은 불교 문화재 사진이 전부인 것 같았다. 그래서 의사로서는 진료를 통해 환자한테 돌려주고, 불교 신자로서는 사찰 사진을 정리해서 책으로 회향하기로 했다.

책을 내려고 보니 우선 제목을 어떻게 정할 것인가가 큰 문제였다. 불자가 절에 가는 것은 사실 부처님께 예배드리고 기도하기 위한 것이지만 들어가는 입구에 무엇이 있고, 우리나라 전통사찰의 건축적 특징은 무엇인지, 탑이며 승탑, 석등 그리고 불전 사물들의 상징적 의미는 무엇인지, 불전마다 모셔 놓은 불상들의 차이와 상징성은 무엇인지를 알고 보면 더 신심이 나지 않을까 생각했다. 그래서 『사찰 순례 – 무엇을 어떻게 볼 것인가』로 정했다. 우리나라 전통사찰 입구부터 순서대로 만나는 것들, 특히 문화재를 중심으로 설명과 더불어 대표적인 사례를 사진으로 정리했다. 이 책을 보면 우리나라 전통사찰을 자연스럽게 순례한 느낌이 들도록 편집했다.

1장 '사찰 순례를 시작하며'에서는 사찰에 가는 이유, 사찰의 유래, 종류, 배치를 다루었으며, 2장 '절로 가는 길'에서는 일주문에서 시작해서 절 입구에 있는 것들을 살펴보았다. 3장 '부처의 세계로 들어가는 문'에서는 금강문과 금강역사, 천왕문과 사천왕상의 상징적 의미를 설명하고 불이문이 갖는 종교적 의미를 짚어보았다. 4장 '부처의 세계로 진입'에서는 불전으로 들어가는 누각과 그 옆에 위치한 범종각(루)과 불전 사물의 상징적 의미를 다루었다. 5장 '법당 밖을 장식하는 요소들'에서 법당 앞마당, 계단과 소맷돌, 축대와 기단, 꽃창살문, 기둥 등 눈에는 잘 안 띄지만 자세히 살펴보면 한국 사찰 건축의 아름다움과 종교적 상징성을 느낄 수 있는 요소를 설명하였다. 6장 '사찰의 중심자리 절집'에서는 부처와 보살 그리고 부처의 제자와 수호신을 모신 전각을 살펴보고 각 전각 중 문화재급인 대표적 전각과 불자로서 꼭 참배해야 할 곳을 나열하였다. 7장 '법당 안은 어떻게 꾸미나'에서는 법당 안으로 들어가서 봐야 할 불단, 불상, 후불탱화, 닫집, 천장의 장식과 벽화, 벽면에 설치된 영단과 신중단 및 탱화 등에 대한 설명을 하였다. 이 중 수미단과 닫집에 대해서는 그 형식과 상징성 및 대표적 문화재를 소개하였다. 그리고 8장에서 '불상', 9장에서 '부처의 무덤, 탑', 10장에서 '승려의 무덤, 승탑', 11장에서 '진리의 빛, 석등'에 대한 각각의 기원, 한국으로의 전래, 양식, 시대적 변화 양상을 대표적인 예를 들어 설명하였다.

아마추어가 찍은 사진으로, 그것도 불교 문화재에 관해서는 문외한인 불자가 단지 의욕만으로 책을 내다보니 혹시 잘못된 점은 없는지 걱정도 되고 두렵기도 하다. 전문가들의 책을 참고해서 정리했고, 가능한 한 인용한 부분이 빠지지 않도록 노력했다. 되도록 많은 사진을 넣으려고 노력했지만 지면 관계로 생략한 것이 많아 아쉬움이 남는다.

이 책을 내는 데는 사단법인 '룸비니' 사무총장이신 이종덕 박사님의 결정적인 도움이 있었다. 내용과 맞춤법 검토는 물론이요, 책의 구성과 편집 방향에 대한 많은 조언을 주셨다. 감사의 말씀을 드린다. 사단법인 '룸비니' 법도님들의 격려도 큰 힘이 되었다. 그 오랜 세월 묵묵히 사찰 순례에 동참하면서 운전해준 아내 선영, 아이들 원석과 선욱, 손자들 그리고 근래에 사찰 순례에 운전하면서 동무해 준 아우 채연에게도 고맙다는 말을 전하고 싶다. 끝으로 이 책을 펴내주신 도서출판 한숲과 출판 업무에 노고가 많았던 직원 여러분들께 감사의 말씀을 드린다.

2018년 3월
조 보 연

차례

8장. 불상

9장. 부처의 무덤, 탑

1장

사찰 순례를 시작하며

1 사찰(절)에 가면

한국 사람치고 절에 안 가본 사람은 거의 없을 것이다. 종교가 무엇인가는 중요하지 않다. 등산을 가든 야유회를 가든 산에 가면 절이 있고, 절이 있으면 들러서 약수로 목을 축이고 잠깐 쉬었다 가게 된다. 누각(봉래루, 만세루, 이름은 아무래도 좋다)에 앉아 쉬다 보면 마당을 건너 대웅전이 보이고 대웅전 너머 산봉우리와 능선이 보인다. 한여름 이마에 흐르는 땀을 시원한 바람에 식히다 보면 대웅전 처마에 달려 있는 풍경 소리가 졸음을 쫓고, 스님의 낭랑한 독경 소리와 목탁 소리가 속세에 찌든 마음을 씻어 준다. 설사 불교 신자가 아니라도 좋다. 절은 오는 자를 막지 않고 가는 자를 잡지 않는다. 절에 들어서면 어쩐지 오래 전에 떠났던 고향 집에 온 것 같고, 요사채 뒤쪽 어디선가 어머니께서 나오시며 나를 반길 것 같은 느낌이 든다. 이는 우리 몸 속에 1,700여 년 동안 면면이 이어져 내려 온 불교문화가 배어 있기 때문이다.

우리나라에 불교가 들어 온 지 1,700여 년이 지나는 중에 불교는 우리의 생활 속에 젖어 들어 우리 문화에 지대한 영향을 미쳤다. 우리의 정서에는 불교적 사상이 녹아 있고, 항상 사용하고 있는 언어 중에는 불교 용어가 많다. 예를 들면 이판사판(理判事判)이나 야단법석(野壇法席) 같은 말은 불교 용어를 차용하여 우리의 일상생활의 한 모습을 표현하는 우리말이다. 금강산, 묘향산, 능가산, 비로봉, 보현봉, 문수봉 등 유명한 산이나 봉우리의 이름은 불경이나 불보살의 명칭을 사용하는 경우가 많다. 그러나 근대화, 산업화 과정에서 너무나 많은 변화를 겪으면서 우리 것을 등한히 하는 경향이 나타났다. 아니, 어느 정도는 무시하는 것 같기도 하다. 국민소득 3만 불을 목전에 둔 선진국으로 접어들고 있는 국민으로서 이제 우리의 멋도 좀 알고 지내야 할 때가 되지 않았나 생각된다.

우리의 멋, 전통을 찾는 데 가장 좋은 곳이 절이다. 절에는 1,000년이 넘게 이어져 온 우리의 전통건축이 있고, 조각이 있고, 회화가 있으며, 이들이 바위, 나무, 풀, 흙과 어우러져 오케스트라를 연주한다. 이 멋진 장면을 보고, 느끼고, 장엄한 오케스트라의 소리를 듣기 위해 이제 절로 찾아가 보자. 절을 자주 찾는 불자라 해도 그저 대웅전에 들러 절하고 독경하고, 절을 한 바퀴 둘러 보는 게 전부인 경우가 많다. 절에는 불법을 상징하는 많은 장치들이 있고, 이중에는 국보, 보물급 문화재들이 많다. 또한 시대와 지역에 따라 변화된 모습이 있고, 이를 제작한 이들의 염원과 기도가 서려 있다. 그뿐만 아니라 중생들의 삶이 녹아 있고, 이에 따른 많은 전설과 설화가 있다. 절에 가면 무엇을 어떻게 보고 느껴야 하는가를 알아보자.

2 사찰의 유래

사찰(寺刹)의 유래부터 알아보자. 사찰은 순 우리말로는 '절', 다른 한자어로는 '정사(精舍)', '가람(伽藍)', '사원(寺院)' 등 여러 용어로 일컬어지는데, 승려들이 거주하며 불도를 닦고 부처의 가르침을 전파하는 곳을 가리킨다. 사찰의 효시는 인도 중부 마갈타국의 가란타에 세워진 죽림정사(竹林精舍, Venuvana)이다. 죽림정사는 석가세존이 도를 깨달은 뒤에, 가란타의 장자가 부처에게 귀의하여 죽림원(竹林園)을 희사하고, 그 터에 빔비사라왕이 승단의 거처로 사용하도록 지은 사찰이다. 부처님 재세 시의 또 다른 사찰로는 기원정사(祇園精舍)가 있고, 중국에서 처음 세워진 사찰은 백마사(白馬寺)이다.

　　　　수도승들이 집단적으로 거처하던 곳을 산스크리트어로 상가라마(samgharama)라고 하는데, 이것은 수행자들의 모임을 뜻하는 상가(samgha)와 거주처를 뜻하는 아라마(arama, 園林)가 합쳐진 용어로 교단을 구성하는 사부대중(비구, 비구니, 우바새, 우바니)이 모여 사는 곳을 의미한다. 불교가 중국에 전파되면서 이 상가라마를 승가람마(僧伽藍摩)로 음역하였고, 이것을 줄여서 가람(伽藍)이라 하였다. 사찰의 이름에는 그 끝에 대부분 '사(寺)' 자를 붙이는데, 이 '사(寺)'는 한나라 때(후한 명제, 기원 67년) 인도 승려들이 머물던 '홍루스(鴻臚寺, 홍로시)'에서 나왔다고 한다. '홍루스(鴻臚寺)'는 본디 외국 손님을 접대하는 관청이었다. 인도에서 온 스님들은 당연히 외국 손님이 묵던 홍루스에 머물러 지냈다. 그 후 중국에서 스님들이 머물러 지내는 사찰을 처음 창건할 때, 이 '홍루스'의 '스(寺)'를 취하여 '바이마스(白馬寺, 백마사)'라고 하였다. '홍로시'의 한자에서 '寺' 자는 관청 시, 절 사의 두 가지 뜻과 음을 갖는다. 그런데 우리나라에서는 '寺'의 한자음을 관청 '시'와 절 '사'로 구분하여 사용하기 때문에, 관청의 명칭인 '홍루스'를 '홍로사'라 하지 않고 '홍로시'라 하는 것이다.

　　　　'사찰'의 순 우리말은 '절'인데, 우리나라에서 사찰을 '절'이라 부르게 된 이유는 확실치 않으나 신라에 불교를 전한 고구려 아도(阿道) 스님의 일화에서 단서를 찾기도 한다. 아도 화상은 지역 상인이었던 모례(毛禮)의 집에서 머슴으로 기거하면서 은밀하게 불법을 전파했다. 아도 화상이 신라 공주의 병을 낫게 하는 등 여러 이적을 보여 많은 사람들이 따르게 되었고, 그 결과 아도 화상이 머물던 모례의 집이 유명해졌다. 이런 연유로 모례의 우리말인 '털레'의 '털'이 '덜'을 거쳐 '절'로 바뀌었다고 추측한다. 또 '절[寺]'에 가면 부처님을 경배하기 위해 '절[拜]'을 많이 하므로, 그 집을 '절'이라 부르게 되었다는 속설도 있다. 그러나 둘 다 언어학적으로는 신뢰할 수 없는 속설에 지나지 않는다.

3 가람의
종류

        절은 위치에 따라 평지가람(平地伽藍)과 산지가람(山地伽藍)으로 나뉜다. 평지가람은 탁발 문화와 관련이 많다. 인도는 기후 특성상 음식을 저장할 수 없고, 수행자들은 탁발에 의존했기 때문에 가람을 마을과 멀지도 가깝지도 않은 평지에 세울 수밖에 없었다. 평지가람은 가람 주변에 담장을 두르거나 건물과 건물 사이에 회랑을 두어 성(聖)과 속(俗)을 구분하였다. 현재 한국의 대표적인 평지가람으론 남원 실상사, 청도 운문사, 완주 송광사, 장흥 보림사 등을 들 수 있다(그림 1-1, 1-2). 절로 들어가는 문 좌우에 담장이 연결되어 절 전체가 일반 민가와 구분되어 있다. 실상사는 천왕문(그림 1-2 위)이, 운문사는 범종루(그림 1-2 아래)가 대문을 대신하며 산지사찰에서 보는 일주문, 천왕문, 불이문을 거치는 삼문(三門) 형식과 다른 모습을 보인다. 건물 사이에 회랑을 두른 절로는 경주 불국사가 좋은 예이다(그림 1-3). 인도의 평지가람 형태가 중국과 한국으로 넘어오면서 산지가람으로 바뀐다. 중국이나 한국은 음식을 저장 보관할 수

그림 1-1. 위: 남원 실상사 가람 배치 안내도.
아래: 장흥 보림사 가람 배치 안내도. 사찰 주변에 담장을 쳐서 성(聖)과 속(俗)의 경계를 구분하였다.

있고, 선종이 발달하면서 스님들의 경작 문화가 정착되어 마을에서 멀리 떨어진 산속에

절을 건립하게 되었다. 산속에 있기 때문에 담장이나 회랑보다는 일주문, 천왕문, 불이문

을 거치는 삼문(三門) 형식의 산지가람이 만들어졌다.

그림 1-2. **위:** 남원 실상사 전경. 절 밖으로 담장이 보인다. **왼쪽 아래:** 청도 운문사 입구인 범종루와 좌측으로 담장이 보인다.
오른쪽 아래: 청도 운문사. 담장 안으로 전각들이 보인다.

그림 1-3. **위:** 경주 불국사 대웅전 회랑. **아래:** 극락전 주위 회랑

4 가람 배치

오늘날 우리가 흔히 보는 산지사찰이 입구로부터 일주문-천왕문-불이문을 거쳐 누각을 통해 법당으로 이어지는 건물 중심인데(그림 1-4) 비해 평지사찰은 탑을 중심으로 전각을 배치하는 특징을 갖고 있다. 산지사찰은 민가에서 멀리 떨어져 있기 때문에 승과 속을 구분하기 위한 담장이 필요 없을 뿐만 아니라 입지 조건상 담장이나 회랑을 만들 수도 없었다. 반면 스님들이 절에서 세속으로 내려갈 때 산짐승들의 공격을 피할 수 있는 피난처와 쉼터가 필요하기 때문에 문 형식의 건물이 세워졌다.

가람 배치는 시대와 지역에 따라 다른 특색이 있다. 중문을 지나 중정에 큰 탑을 세우고 그 탑 전면과 좌우 면에 금당을 세우는 1탑 3금당 형식은 주로 고구려계 사찰에서 볼 수 있다. 평양 근처에서 발굴된 고구려 절터 중 대표적인 금강사 터를 보면 중앙에 팔각목탑 터를 배치하고 사방에 세 개의 금당과 남문 터가 위치하는 전형적인 1탑 3금당식 가람 배치를 보인다(그림 1-5).

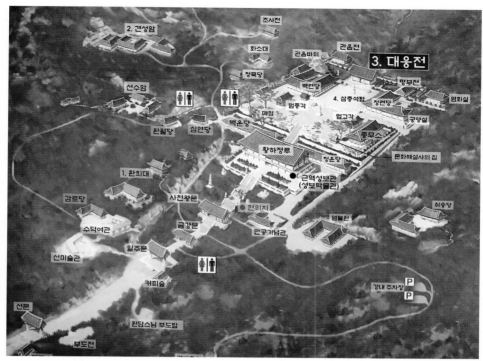

그림 1-4. 예산 수덕사 가람 배치도.
일주문-금강문-사천왕문을 거쳐 누각을 지나 대웅전에 이르는
산지가람 배치를 하고 있다.

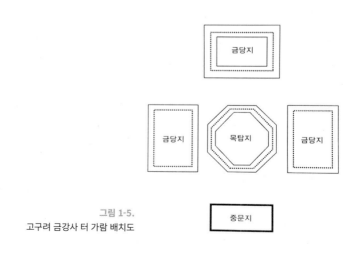

그림 1-5.
고구려 금강사 터 가람 배치도

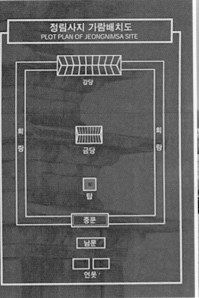

그림 1-6. 부여 정림사 터 가람 배치도

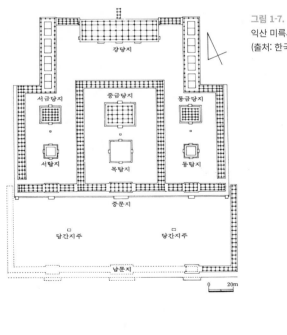

그림 1-7.
익산 미륵사 터 가람 배치도
(출처: 한국민족문화대백과)

그림 1-8. **위**: 경주 황룡사 터 발굴 조감도.
아래: 복원 후의 모형도(김영택 그림, 황룡사 역사문화관 소장)

백제 가람의 공통적인 특징은 남북 직선 축을 따라 대문-탑-금당-강당이 놓이고, 사방에 회랑을 둘러 중심 영역을 형성한 점이다. 이러한 가람 형식을 1탑 1금당 식이라고 하는데 현재 부여 정림사 터에 잘 남아 있다(그림 1-6). 익산 미륵사 터는 회랑을 둘러 동-중-서 세 영역으로 구획하고, 각 영역에는 금당과 탑 한 개씩 배치하였는데, 마치 1탑 1금당식 가람 세 개를 병렬로 배치한 형식으로 특이하다(그림 1-7).

한편 경주 황룡사 터를 보면 남북 일직선상에 남문, 중문, 탑, 금당, 강당이 서고, 금당 좌우에 2채의 불전이 병렬로 배치되어 있어 변형된 1탑 3금당 병렬 형식을 보인다(그림 1-8).

그림 1-9. 경주 불국사 대웅전 앞 석가탑과 다보탑

이런 가람 배치는 통일신라에 들어와 법화사상이 전파되면서 2탑 1금당 형식으로 변화된다. 이런 형식은 경주 감은사에서 금당 앞에 거대한 삼층석탑 2기를 세워 쌍탑식 가람 형식을 완성한다. 대표적인 예로는 경주 불국사 대웅전 앞의 석가탑과 다보탑을 들 수 있다(그림 1-9).

통일신라 후기에는 중국에서 선종이 들어오면서 산지가람이 발달하여 가람 배치가 자연의 지세에 따라 건물이 건립되어 쌍탑 1금당, 1탑 1금당식이거나, 경우에 따라 탑이 없는 절도 생겼다(그림 1-10).

그림 1-10. 위: 울진 불영사 대웅보전(보물 제1201호). 대웅전 앞에 탑이 있는 1탑 1금당식 배치이다.
아래: 순천 송광사 대웅전. 대웅전 앞에 탑이 없다.

2장

절로 가는 길

1 문 없는 문
일주문(一柱門)

　　우리나라의 절은 거의 대부분 산속에 있다. 삼국 시대부터 고려 시대까지는 수많은 사찰들이 도심에 있었다. 부여 정림사지, 경주 황룡사지, 익산 미륵사지 등이 그 근거이다. 조선 시대에 억불 정책에 의해 불교가 쇠퇴하면서 절은 주로 산사 형태로 명맥을 유지해 왔다. 도심이나 인근에 있는 평지사찰은 성(聖)과 속(俗)을 구분하기 위해 담장을 두르거나 건물과 건물 사이에 회랑을 두어 경계로 삼았다(1장 '가람의 종류' 참조, 그림 1-1, 1-2, 1-3). 그러나 산속의 사찰은 민가에서 멀리 떨어져 있기 때문에 담장이나 회랑은 필요 없게 되었고, 대신 일주문으로부터 천왕문, 불이문을 거쳐 강당에 이르러 절 마당으로 들어가는 소위 삼문(三門) 형식을 취하게 되었다. 입구로부터 금당에 이르는 길에 몇 개의 문을 만들어 둔 것은 현실적으로는 산속 들짐승들의 공격을 피하기 위한 일종의 보호 장치이고, 종교적으로는 부처님을 뵈러 가는 길에 마음을 가다듬고 탐(貪)·진(瞋)·치(癡) 삼독(三毒)에 찌든 속세의 업(業)을 참회하는 시간적 공간적 장치로 생각된다.

　　절로 가기 위해 호젓한 산길을 걷다 처음 만나는 건축물이 일주문이다. 절 입구에서는 어디에서나 산 이름과 절 이름이 쓰인 현판이 걸려 있는 일주문을 만난다.

그림 2-1. 왼쪽: 안동 봉정사 일주문. 산 입구에 있어 구불구불한 산길을 걸어 들어가야 불전을 만난다.
오른쪽: 장흥 보림사 일주문. 옆에 담장이 있고 안으로 바로 천왕문이 보인다.

기둥을 받쳐주는 돌 위에 세워 놓은 두 개의 기둥 위에 지붕을 얹은 작은 건물이 일주문이다. 일주문에는 두 개의 기둥과 그 위에 지붕만 있을 뿐 지나갈 문이 없다. 그야말로 문 없는 문이다. 왜 절에 들어가는 첫 번째 문을 일주문으로 만들었을까? 이 문은 승과 속을 나누는 첫 번째 경계인데, 승과 속이 결국은 하나라는 뜻이 아닐까? 일주문 안에 들어서면 세상일을 잊어야 한다. 아니, 내려놔야 한다. 그동안 무겁게 지니고 다니던 모든 것, 돈이며 명예, 지위를 버려야 한다. 이것이 진리의 세계, 해탈의 경계로 가는 첫걸음이다. 버리면 하나가 된다. 일주문에 들어섰다고 바로 부처의 세계에 이르는 것은 아니지만 일주문을 지나는 순간 엄숙해지고 흐트러졌던 마음을 가다듬게 된다. 깨달으면 부처와 중생이 둘이 아니고, 승과 속이 다르지 않고, 너와 나의 구별이 없이 하나라는 부처님의 가르침을 건축적으로 조형한 것이 일주문이다.

　　　일주문의 위치는 사찰의 건축 형식에 따라 다르다. 사찰의 본전으로부터 멀리 떨어져 있어 일주문을 지나 수백 미터의 산길을 걷고, 계곡과 다리를 건너고 나서 다시 금강문-천왕문-불이문과 강당을 거쳐야 비로소 불전에 도착하는 경우(그림 2-1 왼쪽)도 있고, 일주문에 이어 바로 금강문-천왕문으로 이어지는 경우(그림 2-1 오른쪽)

그림 2-2. **왼쪽:** 구례 화엄사 일주문. **오른쪽:** 하동 쌍계사 일주문(경남 유형문화재 제86호). 화려한 다포식 팔작지붕이다.

도 있다. 후자의 경우는 대부분 일주문이 담장과 연결되어 있는 평지사찰에서 흔히 볼 수 있다.

　　　일주문이란 말 그대로 기둥이 하나라는 뜻이지만 실제는 두 개의 기둥을 일렬로 세우고 그 위에 지붕을 얹은 아주 특이한 형태의 건물이다. 모든 건물은 기둥이 4개 이상인데, 단 두 개의 기둥만으로, 그것도 기둥을 땅속에 박지 않고 돌로 된 기단 위에 세운 점은 건축학적으로도 매우 특이한 형태다. 태풍으로 일반 주택이나 교량이 파괴되는 일이 있었지만, 일주문이 파괴되었다는 소식이 아직 없었던 점으로 보면 우리 조상들의 건축 기술이 매우 뛰어나지 않나 생각된다. 지붕 양식은 옆에서 볼 때 단순한 사람 인(人) 자 모양의 맞배지붕의 형식을 취하는 경우가 대부분이지만 기둥과 처마 사이를 받쳐주는 공포(栱包)는 맞배지붕에 어울리지 않는 다포식 배열을 하고 있는 점이 특이하다. 즉, 공포가 기둥 위에만 있는 것이 아니라 기둥과 기둥 사이에도 여러 개 있는 것이다(그림 2-1 왼쪽). 일부 사찰의 일주문은 옆에서 보면 용마루 부분이 삼각형의 벽을

그림 2-3. 곡성 태안사 일주문(전남 유형문화재 제83호). 위로 갈수록 좁아지는 두 개의 굵은 기둥에는
"歷千劫而不古(역천겁이불고) 亘萬歲而長今(긍만세이장금)"이라는 주련(柱聯) 편액이 달려 있다(흰색 화살표, 확대한 사진).
단순한 맞배지붕이며 기둥에는 양쪽 모두 앞뒤로 보조 기둥을 세웠다. 앞뒷면의 기둥 사이에는 전후좌우가
공포로 꽉 찬 느낌이 들며, 매우 화려하다. 앞면에는 '桐裏山 泰安寺(동리산 태안사)'라는 현판이 걸려 있다.

이루고 처마 끝이 부챗살처럼 펼쳐지는 화려한 팔작지붕의 양식을 취하며 다포식 공포
배열을 한 경우도 있어 단 두 개의 기둥 위에 얹은 지붕치고는 너무 화려하고 복잡한 형
태를 취한 것도 있다. 어찌 보면 가는 몸통에 큰 머리를 가진 가분수 같아 비례가 맞지
않는 느낌까지 든다(그림 2-2).

　　　　일주문에는 그 어떤 문도 '일주문(一柱門)'이라는 현판을 달고 있지 않
다. 다만 사찰이 위치한 산 이름과 사찰명의 현판이 걸려 있을 뿐이다. 더러 조계문(曹溪

그림 2-4. **위:** 장흥 보림사 일주문 편액. **아래:** 보은 법주사 일주문 편액

門), 불이문(不二門), 홍로문(紅露門), 자하문(紫霞門) 등 불교 사상이나 선종과 관련된
이름이 보이기도 한다. 기둥에는 주련(柱聯)이 쓰여 있기도 하며(그림 2-2 오른쪽, 그림
2-3), 뒷면의 현판에는 '禪宗大伽藍(선종대가람)', '湖西第一伽藍(호서제일가람)' 등이
쓰여 있어 유명 사찰임을 나타내기도 한다(그림 2-4). 이런 편액은 대개 당대의 명필이
쓴 글씨가 많아 관심을 갖고 볼 필요가 있다.

　　　　현재 대부분의 사찰마다 일주문 있지만 이는 근대에 들어 새로 만든 것
들이고 원래는 모든 사찰에 일주문이 있었던 것은 아닌 것 같다. 그나마도 현존하는 일
주문은 대부분 임진왜란, 병자호란 후에 새로 만든 것들이다. 현존하는 일주문 중에는

36

그림 2-5. 순천 선암사 일주문(전남 유형문화재 제96호)

순천 선암사의 일주문(전남 유형문화재 제96호)이 가장 오래된 것으로 추정된다(그림 2-5). 특징은 문에 낮은 담장이 붙어 있는 것이다. 지붕 옆면이 단순한 맞배지붕이다. 2 개의 기둥을 나란히 세우고, 그 앞뒤로 보조 기둥을 세웠으나 위로부터 30cm 중간에서 보조 기둥을 잘랐다(그림 2-5 흰색 원). 이는 기둥 양옆으로 설치된 담장 때문인 듯하며, 다른 일주문에서 볼 수 없는 특이한 양식이다. 지붕 처마를 받치면서 장식을 겸하는 공포는 기둥 위와 기둥 사이에 배치된 다포식 건물이다. 기둥 위에는 용머리를 조각하여 위엄을 더하였다. 앞면 중앙에 '曹溪山 仙巖寺(조계산 선암사)'라는 현판이 걸려 있다. 선암사 일주문은 임진왜란(1592년)과 병자호란(1636년)의 전화를 입지 않은 유일한 건

그림 2-6. 부산 범어사 일주문(보물 제1461호)

물로 조선 시대 일주문의 양식을 잘 보전하고 있는 건축물이며 전남 유형문화재 제96호
로 지정되어 있다(문화재청 자료에서 인용).

　　　　일주문 중 볼만한 것으로 맨 먼저 부산 범어사 일주문(보물 제1461호)을
들 수 있다. 범어사 일주문은 주 법당과의 거리가 멀지 않은 곳에 있는데, 일주문에 이
어 금강문, 천왕문, 불이문, 보제루가 20~30미터 간격으로 순차적으로 도열해 있다. 일
반적인 일주문은 두 개의 기둥으로 한 칸 문으로 되어 있는 데 비해 범어사 일주문은 네
개의 기둥을 세워 삼칸일주문(三間一柱門) 형식으로 되어 있어 특이하다. 기둥처럼 긴
화강암 주춧돌 위에 결구(結構) 없이 공포와 지붕을 얹은 것이 특징이다. 일주문 중앙

그림 2-7. 완주 송광사 일주문(전북 유형문화재 제4호)

에 '曹溪門(조계문)', 오른쪽 칸에 '禪刹大本山(선찰대본산)', 왼쪽 칸에 '金井山梵魚寺 (금정산범어사)'라는 현판이 걸려 있다(그림 2-6). 조선 광해군 6년(1614년)에 묘전 화상 (妙全 和尙)이 세운 것으로 추정되며, 정조 5년(1781년)에 백암 선사(白岩 禪師)가 현재 의 건물로 보수했다.

완주 송광사 일주문(전북 유형문화재 제4호)은 조선 중기 건물이다. 원래 현 위치에서 3km 떨어져 있던 것을 사찰 영역이 좁아져 1944년 지금 자리로 옮긴 것이 다. 두 개의 기둥과 보조 기둥으로 지붕을 받치는 다포 구조의 맞배지붕 형식을 취하고 있고, 앞면 중앙에는 '終南山松廣寺(종남산송광사)'라는 현판이 걸려 있다(그림 2-7).

그림 2-8. 고성 건봉사 불이문(강원 문화재자료 제35호). 한국전쟁 때 폐허가 된 건봉사 절터에 유일하게 남아 있는 건물이다. 지붕은 옆면에서 볼 때 팔작지붕을 얹었다. 각각의 기둥에는 금강저 문양을 새겨 놓았으며 앞면 처마 밑에는 '不二門(불이문)' 현판이 걸려 있는데 일주문에 불이문이란 편액을 단 것이 특이하다.

　　　이외에도 곡성 태안사 일주문(전남 유형문화재 제83호, 그림 2-3), 하동 쌍계사 일주문(경남 유형문화재 제86호, 그림 2-2 오른쪽), 함양 용추사 일주문(경남 유형문화재 제54호), 불곡사 일주문(경남 유형문화재 제133호), 고성 건봉사 불이문(강원 문화재자료 제35호, 그림 2-8) 등 지정문화재가 있고, 안동 봉정사 일주문(그림 2-1 왼쪽), 부안 내소사 일주문, 구례 화엄사 일주문(그림 2-2 왼쪽), 순천 송광사 일주문(그림 2-9 위), 보은 법주사 일주문(그림 2-9 아래) 등이 볼만하다.

그림 2-9. 위: 순천 송광사 일주문. 조계문(曹溪門)이라고도 부르는데
앞쪽에는 '曹溪山 大乘禪宗 松廣寺(조계산 대승선종 송광사)',
뒤쪽에는 '僧寶宗刹 曹溪叢林(승보종찰 조계총림)'이란 편액이 걸려 있다.
아래: 보은 법주사 일주문. 정면에는 '湖西第一伽藍(호서제일가람)'이라고 적힌 현판이 있고,
뒤쪽 현판에는 '俗離山大法住寺(속리산대법주사)'라고 쓰여 있다.

2 숲길 따라 계곡을 건너 피안의 세계로

우리나라 절은 대부분 산지사찰로 인가에서 멀리 떨어진 산속 양지바르고 경치가 수려한 곳에 있다. 소위 말하는 명당(明堂)에 위치한다. 그래서 절을 찾는 길은 그다지 쉽지 않다. 요새는 절 입구까지 자동차가 들어갈 수 있어 접근이 용이해졌지만, 그래도 주차장에서 절 마당까지 이르는 데는 힘든 걸음을 해야 하는 것이 보통이다. 계곡을 끼고 구불구불한 산길을 걸어 한참 가다가 다리도 건너고 이제 다 왔다 싶으면 고개나 언덕을 또 넘어야 한다. 필자가 다녀본 절 중 가장 힘들었지만 그래도 보람이 있고 순례 길다운 곳으로는 설악산 봉정암(鳳頂庵) 가는 길을 꼽을 수 있다. 백담사에서

그림 2-10. **위:** 설악산 백담계곡. **아래:** 설악산 백담사에서 영시암 가는 길

그림 2-11. **위:** 설악산 봉정암 가는 길에 본 용아장성. **아래:** 석가사리탑에서 바라본 봉정암 전경

그림 2-12. 설악산 봉정암 석가사리탑(보물 제1832호)

영시암까지 백담계곡을 끼고(그림 2-10 위) 구불구불한 산길을 걷다 보면 마음이 차분해지고 어느새 속세의 묵은 때가 벗겨지는 느낌이 든다(그림 2-10 아래). 영시암을 지나면 산세는 약간 험해지면서 다리가 아파오고 숨도 차 온다. 이때쯤이면 처음 출발할 때의 순례에 대한 설렘은 없어지고 괜한 걸음을 했다는 후회도 들기 시작한다. 옆에 우뚝 솟은 용아장성을 보면서(그림 2-11 위) 마지막 관문인 깔딱고개를 넘으면 봉정암이다(그림 2-11 아래). 물 한 모금 마시며 숨을 돌리고 다시 계단을 오르면 드디어 부처님 사리탑을 친견하게 된다(그림 2-12).

절의 대문인 일주문을 지나 절 마당까지 가는 길은 다양하다. 순천 선암

그림 2-13. 고창 선운사 입구 길

사, 완주 송광사처럼 일주문에 이어서 바로 금강문이나 천왕문으로 이어지고 강당을 지

나 대웅전 앞마당으로 이어지는 절도 있으나(그림 2-5, 2-7) 대부분의 사찰은 수백 미터

를 구불구불 걸어 들어가야 한다. 부처님을 뵙기 위해서는 먼저 마음을 가다듬고 참회

하는 시간이 필요하다. 따라서 일주문을 지나서 법당에 이르기까지는 적당한 시간과 공

간이 필요하다. 이를 위해 절로 가는 길이 만들어졌다. 숲으로 싸인 평지 길이거나 약간

의 경사진 굽은 길이거나 오르는 길이다. 이는 부처님을 경배하기 전에 필요한 긴장과 이

완의 건축적 장치이다.

그림 2-14. 부여 무량사 입구 길

부처님을 뵈러 가는 길은 휘어져 있는 점이 특색이다. 길로 들어서서 한참 걸어도 구부러진 길과 나무, 돌, 계곡만 보일 뿐 부처님이 있는 전각은 보이지 않는다. 부처님을 뵙기 위해서는 절차가 필요하다. 먼저 자기를 낮추고, 참회하여 그동안 지은 업을 조금이라도 닦아 낸 뒤에 만나 뵙는 것이 예의에 맞는다. 그래서 들어가는 길도 굽고, 돌아서 가도록 설계되어 있다. 냇가를 끼고 돌아 들어가는 고창 선운사 입구 길이나, 보은 법주사 입구 길, 부여 무량사 입구 길, 순천 송광사 청량각에서 일주문으로 가는 길 등 모두 휘어져 돌아 들어가게 되어 있다(그림 2-13, 2-14).

그림 2-15. 곡성 태안사 입구 길

그림 2-16. 곡성 태안사 입구 계곡과 능파각

절로 가는 길 중 마음을 가라앉히고 사색하기에 좋은 곳으로는 곡성 태안사 입구 길을 들 수 있다. 태안사로 향하는 길이 시작되는 마을에서 일주문까지 2.5km 정도의 숲길은 옆으로 계곡을 끼고 있어 호젓하다. 사람 인(人) 자 모양으로 휘어진 길을 걷다 보면 자유교, 정심교, 반야교, 해탈교를 하나씩 건널 때마다 산은 깊어지고 계류는 더욱 청정하게 흘러내린다(그림 2-15). 20~30분 정도 걷다 보면 다리를 겸한 정자와 바위를 타고 길게 흐르는 계류가 어우러져 아름다운 풍경을 자아내는 능파각을 만난다(그림 2-16). 잠시 능파각 계단에 걸터앉아 땀을 식히다 보면 극락이 따로 없다.

그림 2-17. 서산 개심사 입구. 사진은 2009년에 찍은 것으로 구불구불한 길에 돌계단도 자연 그대로이며 인공적 가미가 없다.

우리나라 사찰 건축의 특징은 인공적인 장식을 피하고 자연 그 자체를 하나의 건축적 공간으로 활용한다는 점이다. 이런 점은 일주문을 지나 천왕문에 이르는 절 입구 길에서 잘 관찰된다. 간혹 들어가는 길에 나무를 심어 약간 인공을 가하는 경우도 있기는 하지만 대부분은 자연 그대로 활용한다.

길을 직선으로 곧게 만들면 거리가 단축되고 편리해지지만 그렇게 하기 위해서는 자연을 훼손해야 한다. 내가 편하고자 자연을 훼손하는 것은 불법에 어긋난다. 대자대비의 부처님 눈으로 보면 길가의 풀 한 포기 나무 한 그루도 다 중생이요, 불성이 있으니 깨치면 바로 부처다. 인간과 다를 바 없다. 그러니 부처님을 만나러 가는 길을 만

그림 2-18. 서산 개심사 입구 길(2009년 촬영). 2011년까지만 해도 막돌로 쌓은 자연스런 계단하며
길 한가운데 서있는 나무를 그대로 두고 길을 내고 있었다.

드는데 어찌 나무며, 풀이며, 돌 하나라도 가볍게 다룰 수 있겠는가? 있는 그대로, 원래
생긴 모습 그대로 길을 만들어야 한다. 길에 나무가 있으면 이를 피해서 간다. 계단을 쌓
되 돌을 다듬지 않는다. 생긴 모습대로 높이나 너비가 모두 다른 형태로 계단을 만든다.
그래서 주위의 휜 나무하고도 조화를 이룬다. 우리나라의 전통 사찰 중 절 입구가 가장
자연스러운 것으로는 서산 개심사(開心寺)를 들 수 있다. 개심사는 일주문 대신 입구에
다듬지 않은 돌 두 개를 세우고 '開心寺 入口(개심사 입구)', '洗心洞(세심동)'이라 적어
놓은 것부터가 일품이다(그림 2-17). 이어지는 길은 자연 그대로이다. 전혀 인공적 가미
가 없어 좋고, 구불구불한 길에 돌계단도 자연 그대로이다(그림 2-18 왼쪽). 절까지 가는
길이 두세 번 휘어져 오르게 되어 있고, 길옆으로 늘어선 소나무가 다칠세라 비켜서 길
을 냈고(그림 2-18 오른쪽), 계단도 자연스럽다. 길옆으로 흐르는 계곡이 있어 좋다. 그러
나 이런 자연친화적인 한국 전통사찰의 특징이 관광객의 편의를 위해 파손되어 안타깝

그림 2-19. 서산 개심사 입구 두 개의 돌에 새긴 '개심사 입구'와 '세심동'(2017년 촬영, 위),
새로 단장한 입구 길(2017년 촬영, 아래). 불사(佛事)라는 핑계 아래 나무는 베어내고 길은 다듬고 길옆으로 난간도 만들고
시멘트 블록으로 계단을 만들었으니 예전의 멋이 사라져 참으로 안타깝다.

다. 최근에는 볼품없는 일주문이 들어섰고, '開心寺 入口, 洗心洞(개심사 입구, 세심동)' 글씨에 빨간색을 입히고, 돌계단을 다듬어 정렬하고 일부분은 시멘트 길로 만들어 관광객이 다니기는 편리해졌지만 예전의 자연미는 없어져 안타까울 뿐이다(그림 2-19).

절로 들어가는 길 중 전북 부안의 내소사(來蘇寺) 입구 길은 우리나라에서 가장 아름다운 전나무 숲길로 유명하다. 일주문을 지나 천왕문까지 약 700여 미터의 길 양 옆으로 20~30미터 높이의 전나무가 꽉 차있어 걷기에 안성맞춤이다(그림 2-20). 전나무 숲으로 한 걸음 한 걸음 옮길 적마다, 거대한 나무들이 자신을 내려다보고 있음을 느껴 자연스럽게 몸가짐을 바르게 하게 된다. 내소사 전나무 숲길의 명성은 이미 잘 알려져 있다. 2006년에 생명의 숲과 산림청이 주관하는 제7회 아름다운 숲 전국대회에서 '아름다운 숲길'로 선정되었으며, 같은 해 건설교통부가 주관하는 한국의 아름다운 길 100선에 '아름다운 산책로'로 선정되어 더욱 유명해졌다. 전나무 숲길은 지금부터 150년 전쯤 조선 말기에 일주문에서 천왕문에 이르는 길이 삭막하여, 당시 스님들이 빨리 자라는 전나무를 심어서 오늘날 같은 아름다운 풍광을 만들게 되었다고 한다(전영우, 『비우고 채우는 즐거움, 절집 숲』, 운주사, 2011, 102쪽).

또 다른 전나무 숲길로는 평창 오대산 월정사 전나무 숲길을 빼놓을 수 없다(그림 2-21). 이 숲길도 천연림이라기보다는 인공림에 가깝다. 이는 9수(樹)에서 유래했다는 설화를 통해 그 흔적을 볼 수 있다. 고려 말 무학 대사의 스승인 나옹 선사가 매일 부처님께 콩비지국을 공양하던 중 하루는 소나무 가지에 쌓였던 눈이 그릇으로 떨어졌다. 그때 어디선가 나타난 산신령이 "소나무야, 너는 부처님께 죄를 지었으니 이 산에서 살 자격이 없다. 오늘부터 이 산에는 전나무 아홉 그루가 주인이 되어 산을 번창케 하리라"라고 말했다. 그 뒤부터 오대산에는 소나무가 없어지고 전나무가 숲을 이루었고, 실제로 1,000년이 넘는 세월 동안 월정사를 지킨 셈이 되었다. 그래서 월정사 전나무 숲을 '천년의 숲'이라고 부른다(유철상, 『사찰여행 42』, 상상출판, 2010; 전영우, 『비우고 채우는 즐거움, 절집 숲』, 운주사, 2011, 304쪽).

절로 가는 길 중 소나무 숲길로는 양산 통도사와 영월 법흥사 소나무 숲길이 좋다. 통도사 입구로 들어서면 자동차 도로와 보행로로 나뉘는데 보행로는 약 1km 정도의 소나무 숲길로 되어 있다. 통도천을 왼편에 두고 숲길을 따라 걷다 보면 마음이 차분해지고 업장이 녹아나는 느낌이 든다. 특히 이른 아침 안개가 낀 숲길은 적막한 가운데 "계곡 물 소리가 그대로 부처님의 장광설(溪聲便是長廣舌)이오 산 빛이 어찌 부처님의 청정한 몸이 아니겠는가(山色豈非淸淨身)"라는 소동파의 시가 생각난다(그림 2-22).

그림 2-21. 오대산 월정사 전나무 숲길

그림 2-22. 양산 통도사 입구 소나무 숲길

　　영월 사자산 법흥사에서 적멸보궁에 오르는 소나무 숲길도 걷기 좋은 길

이다. 적멸보궁을 오를 때 솔밭 사이로 난 옛길을 택해야 한다. 법흥사 일대의 소나무는

전나무처럼 하늘로 쭉쭉 뻗어 자란다. 한국의 토종 소나무 중 가장 형질이 좋다고 알려

져 있다. 그래서인지 소나무 숲길에서 머리를 들어 하늘을 보면 소나무 가지로 그물을

만든 모습이 마치 속세 인간들의 번뇌망상의 그물망 같기도 하고, 인연으로 얽히고설킨

중생의 삶 같기도 하다(그림 2-23). 청도 운문사의 '솔바람길'도 좋고 서산 개심사의 입

구 소나무 숲길도 좋다.

그림 2-23. 영월 법흥사 적멸보궁 오르는 소나무 숲길의 소나무 잎과 가지가 만든 번뇌망상의 그물망

        같은 길이라도 계절에 따라 운치가 다르다(그림 2-24). 봄에는 서산 개심사 입구 길이나 부안 내소사 전나무 숲길이 좋고, 여름에는 보은 법주사 입구 길이 숲이 울창해서 좋다. 합천 해인사 입구 길은 옆으로 홍류동 계곡을 끼고 있어 비가 온 후의 여름에 좋다(그림 2-25 위). 순천 선암사 들어가는 길도 옆으로 계곡을 끼고 있어 좋다. 계곡이 좋기로는 불영계곡을 따라 들어가는 울진 불영사를 빼놓을 수 없다(그림 2-25 아래). 가을에는 단풍으로 유명한 백양사나 내장사, 고창 선운사나 경주 불국사가 좋다(그림 2-26). 11월의 영주 부석사는 일주문을 지나 길옆으로 늘어선 노란 은행나무 잎과 길가 과수원에 붉게 익은 사과가 어우러져 일품이다.

그림 2-24. **위:** 고창 선운사 입구길, 봄 풍경. **아래:** 고창 선운사 입구길, 가을 풍경

그림 2-25. **위:** 합천 해인사 홍류동 계곡. **아래:** 울진 불영사 입구 불영계곡

그림 2-26. **위: 고창 선운사 단풍. 아래: 경주 불국사 입구 길 단풍**

김봉렬 교수에 의하면 절로 들어가는 길 중 부산 범어사 천왕문과 불이문 사이의 길은, 한국 불교 건축이 성취한 가장 뛰어난 모습으로 한국적 미학의 극치라고 한다(그림 2-27). 김봉렬 교수의 표현을 인용하면 다음과 같다.

"천왕문과 불이문 사이에는 아무 것도 없이 오로지 길뿐이다. 이 길을 위해 나지막한 담장을 쌓았고, 길옆으로 쭉 뻗은 나무들을 심었다. 그리고 바닥을 세 개의 얕은 단으로 나누어 상승감을 강조한다. 그 뒤에 불이문이 있지만, 뻥 뚫린 문 뒤로는 끝도 모를 계단만이 계속될 뿐이다. 사람 키보다도 낮은 담장은 이 공간을 보호하려는 목적보다는 적막한 길의 이미지를 만들기 위한 건축적 장치다. 그리고 길의 뻗어 오름을 강조하기 위해 양 옆에 줄지어 나무를 심었다. 높은 가로수 줄은 길의 수평적 확장을 도와주며, 효과적으로 불이문에 도달하게 하는 시각적 장치이기도 하다. 그리고 나지막이 상승하는 바닥의 단들은 수평적 길이 수직적으로 변환하기 위한 예비 단계임을 암시한다. 그리고는 가파른 계단으로 이어진다. 이곳에는 수평감과 수직감이 교차하는 공간적 율동이 있고, 키 큰 나무의 그늘 사이로 밝게 빛나는 음영의 어우러짐이 있다. 그리고 이곳에는 신비한 적막이 있다. 정신을 차리고 자세히 살펴보면 이 길은 그다지 길지도 않고 똑바르지도 않음을 발견할 수 있다. 3단에 놓여진 세 토막의 길들은 약간씩 어긋나며 휘어져 있다. 그러나 그 분절의 효과 때문에 전체적으로 곧아 보인다. 또한 양편의 낮은 담장은 길의 시각적 길이를 효과적으로 확장한다. 짧지만 길고, 굽었으되 곧아 보인다. 한국적 미학의 극치다(김봉렬, 『가보고 싶은 곳 머물고 싶은 곳』, 안그라픽스, 2002, 21쪽)."

2010년 12월 15일, 화재로 천왕문이 전소되기 전까지만 해도 천왕문을 나서면, 김봉렬 교수의 표현대로 눈앞에 신비로운 광경이 펼쳐졌다. 요즈음 참배하는 분들은 느낄 수 없게 됐지만 필자는 이 길을 유난히 좋아했다. 필자는 늘 이곳에 오면 묘한 전율과 함께 신비로움을 느낄 뿐 아니라 경외감마저 들었다. 물론 이 길의 묘미를 갈파

그림 2-27. 부산 범어사 천왕문과 불이문 사이의 길(2009년 6월 촬영)

그림 2-28. 부산 범어사 천왕문과 불이문 사이의 길(2017년 3월 17일 촬영).
2010년 화재로 전소된 후 복원한 모습으로 '그림 2-27'(2009년 6월 촬영)과 비교해보면 현격한 차이를 느낄 수 있다.
이왕 복원할 것이라면 원래 모습에 가깝게 복원했으면 하는 아쉬움이 많이 남는다.

한 김봉렬 교수의 글에 영향을 받아서이었겠지만, 어쨌든 내가 다녀본 사찰 길 중 가장 좋아했던 길이었다. 안타깝게도 이제는 범어사에 참배를 가도 그 감동을 느낄 수 없게 됐지만 사진으로나마 그 감동을 대신 느껴 보시기 바란다(그림 2-27, 2-28).

합천 해인사 일주문과 천왕문(봉황문) 사이의 길은 길지는 않지만 우리나라에서 가장 아름다운 길 중 하나로 꼽힌다. 대부분의 산지사찰 일주문은 절 입구 평지에 세워져 있고, 일주문을 지나면 그냥 평지이거나 약간 오르막길을 거쳐 천왕문에 이르고, 그 길도 구부러져 있어 천왕문이 잘 보이지 않는다. 그런데 해인사 일주문은 약간 높은 언덕 위에 그것도 높은 계단을 쌓고 그 위에 세웠다. 일주문에서 천왕문 사이 길은 일직선상에 놓인 곧은 길이며, 천왕문 또한 약간 높은 계단 위에 있기 때문에 길이 활처럼 아래로 휘어져 있다. 좁은 길 양 옆으로는 30여 미터나 되는 전나무들이 줄을 서고 있어 실제보다 더 길고 깊게 느껴진다. 나무 사이로 드리우는 그림자까지 합쳐지면 추상 이미지를 만들어 일품이고, 신비한 느낌까지 준다(그림 2-29). 화재로 소실되기 전의 부산 범어사 천왕문에서 불이문 사이의 담장 길과 더불어 가장 아름다운 길이라고 생각한다.

그림 2-29. 합천 해인사 일주문에서 천왕문(봉황문) 가는 길

3 무지개다리를 건너서 부처의 나라로

일주문을 지나 절로 들어가다 보면 산기슭에 이르러 개울을 만난다. 개울 물 소리를 들으며 흙길을 걷다 보면 '시냇물 소리가 곧 부처의 설법(溪聲便是廣長舌)'이 라는 소동파(蘇東坡)의 시가 저절로 생각난다. 개울을 끼고 오르다 보면 만나는 길목마 다 다리가 있다.

돌다리든 외나무다리든 능파교(凌波橋), 승선교(昇仙橋), 세진교(洗塵橋), 극락교(極樂橋) 등의 이름이 붙어 있는데, 이는 다리를 건넌다는 것이 속세에서 피안의 세계, 즉 부처의 세계인 불국토에 이른다는 상징성을 의미한다. 물결을 헤치고 간다는 능 파교나 하늘로 올라가 신선이 된다는 승선교는 절 가까이가 아니라도 볼 수 있지만(그 림 2-30 위) 속세에 젖은 티끌을 모두 씻어 낸다는 세진교나 서방정토 극락세계로 건너 가는 극락교는 절에 다가서야만 만날 수 있다(그림 2-30 아래). 다리 밑으로 흐르는 계 곡을 보면 물소리를 들으며 쉬어 가고 싶은 마음이 든다. 그래서 다리 위에 누각을 지어 놓아 쉬었다 가게 한다(그림 2-31). 단순히 쉬는 것이 아니라 부처님을 만나기 전에 속세 에서 찌든 때를 씻어야 한다.

그림 2-30. **위:** 순천 선암사 계곡 위의 승선교 아래쪽 홍예교 다리. **아래:** 공주 마곡사 극락교

그림 2-31. 위: 순천 송광사 입구 계곡 위 극락홍교와 그 위에 세운 청량각(淸凉閣).
아래: 곡성 태안사 입구 길 계곡 위에 세워진 능파각(전남 유형문화재 제82호)

산사 입구의 다리로는 순천 선암사의 승선교(昇仙橋), 여수 흥국사의 홍교(虹橋), 순천 송광사 삼청교(三淸橋), 고성 건봉사 능파교(凌波橋)가 아름답고 조형미가 뛰어나다. 다리가 무지개 모양이어서 홍예교(虹預橋)라고 부른다. 속세에서 부처의 세계로 넘어가는 다리가 무지개 모양인 것은 무지개다리 너머에 이상세계가 있다는 상징성과 잘 어울린다.

선암사의 승선교(보물 제400호)는 선암사 입구 길에서 조계산 계곡을 건너는 길목에 놓인 다리다. 이곳에는 무지개다리가 모두 두 개인데 그중에서 절에 가까운 다리를 승선교, 아래쪽의 작은 다리를 홍예교라 부른다(그림 2-30 위). 조선 숙종 때인 1706년에 시작해서 1713년에 완성된 것으로 기록되어 있다. 홍예는 하단부에서부터 곡선을 그려 전체의 모양이 완전한 반원형을 이루고 있다(그림 2-32). 다리 한복판 꼭짓점에 있는 돌을 홍예종석(虹預宗石)이라 한다. 이곳에 용머리를 조각한 돌이 밑으로 삐죽 나와 있는데, 이는 장식적 효과를 줄 뿐 아니라, 나쁜 기운이 물을 타고 들어오는 것을 차단하여 사찰을 수호하겠다는 의지를 나타낸 것이기도 하다. 예로부터 이것을 뽑아내면 다리가 무너진다고 전해오고 있다(그림 2-32 확대 사진). 둥근 무지개다리 사이로 보이는 강선루(降仙樓)의 풍경이나 다리 밑을 흐르는 맑은 물은 여름이면 푸르고 가을이면 붉어지며 겨울에는 백옥처럼 흰빛으로 변해 아름답기 그지없다.

선암사는 정유재란으로 불에 타서 거의 폐찰이 되다시피 한 이후 조금씩 증수되다가, 17세기 말에 호암 대사(護巖 大師)에 의해 크게 중건되었는데, 이때 이 다리를 놓은 것으로, 다음과 같은 전설이 전해진다. 숙종 24년(1698년) 호암 대사가 관음보살의 모습을 보기 바라며 백일기도를 하였지만 그 기도가 헛되자 낙심하여 벼랑에서 몸을 던지려 하는데, 이때 한 여인이 나타나 대사를 구하고 사라졌다. 대사는 자기를 구해주고 사라진 여인이 관음보살임을 깨닫고 원통전을 세워 관음보살을 모시는 한편, 절 입

그림 2-32. 순천 선암사 승선교(보물 제400호)와
홍예종석의 용머리 확대 사진

구에 아름다운 무지개다리를 세웠다고 한다(문화재청 자료와 두산백과에서 인용).

여수 흥국사 홍교(보물 제563호)는 개울 양 기슭의 바위에 기대어 쌓았는
데, 부채꼴 모양의 돌을 서로 맞추어 틀어 올린 다리 밑은 무지개 모양을 이루고 있다(그
림 2-33). 다리 중간 부분에 다리 바깥으로 가로지른 머릿돌(종석, 宗石)이 튀어나와 있
는데, 머릿돌 끝마다 용의 얼굴을 한 귀면이 조각되어 있는데 사찰을 지키는 파수꾼 역

그림 2-33. 여수 흥국사 홍교(보물 제563호). 다리 한 가운데 있는 마룻돌(홍예종석)의 용머리 귀면(왼쪽 아래)과
홍예 중앙에서 아래로 향한 이무기(오른쪽 아래) 확대 사진

할을 하는 것으로 보인다(그림 2-33 왼쪽 아래 확대 사진). 홍예 아래 천장에도 이무기
돌이 매달려 계곡의 물을 굽어보고 있다(그림 2-33 오른쪽 아래 확대 사진). 인조 17년
(1639년)에 세워진 다리로 지금까지 알려진 무지개형 돌다리로서는 가장 크고 길며, 주
변 경치와도 잘 어우러지는 아름다운 다리이다(문화재청 자료에서 인용).

　　　　순천 송광사의 일주문을 지나 얼마 가지 않아서 왼쪽으로 틀면 그리 크지

그림 2-34. 순천 송광사 삼청교와 우화각(전남 유형문화재 제59호).
홍예종석의 용이 물고 있는 엽전(확대 사진)

않은 계곡이 나오고 다리 위 우화각(羽化閣)이란 누각을 건너게 된다. 이 우화각 아래에
있는 무지개다리 이름이 삼청교인데 능허교(凌虛橋)라고도 한다. 흥국사, 선암사 다리와
마찬가지로 홍예 중앙에 여의주를 물고 있는 용머리가 장식되어 있다(그림 2-34). 개울
을 따라 사찰로 들어오는 나쁜 기운을 막기 위해 불침번을 서는 용이다. 그런데 이 용이
여의주 대신 엽전 석 냥이 달린 철사를 입에 물고 있어 특이하다(그림 2-34 확대 사진).
이 엽전 석 냥에 관한 재미있는 이야기가 전해 온다. 조선 숙종 때 이 능허교를 세우면서
송광사 주지 스님이 시주를 받아 무사히 공사를 끝냈는데 돈 석 냥이 남아 그 처리가 문
제였다고 한다. 다리 건설 목적으로 받은 돈이기 때문에 다른 목적으로 사용하면 안 된

다고 생각했던 스님들은 무지개다리 맨 위쪽에 있는 용에게 맡겨 훗날 돌다리를 보수할 때 사용하도록 하였다고 한다. 이는 신도의 시주 물을 어떻게 사용해야 하는지를 잘 알려주는 예이다(권중서, 『사찰의 문과 다리』, 대한불교진흥원, 2010, 39쪽).

고성 건봉사 능파교(凌波橋, 보물 제1336호)는 불이문을 지나 계곡을 따라 올라가다 오른쪽 대웅전 구역으로 들어가는 입구에 있다. 이 다리는 1704년부터 1707년 사이에 축조되었고, 여러 번 중수를 거쳐 최근 2005년에 복원되었다. 건봉사 능파교는 규모가 비교적 크고 원형이 잘 보존되어 있는 다리로, 축조연대와 건립자 등을 알려주는 비석을 갖추고 있어 홍예교 연구에 좋은 자료가 되고 있다(그림 2-35).

그림 2-36. 경주 불국사 자하문과 청운교, 백운교(국보 제23호) 전면

다리 하면 빼놓을 수 없는 것이 경주 불국사 자하문(紫霞門) 아래 청운교(靑雲橋)와 백운교(白雲橋), 안양문(安養門) 아래 연화교(蓮花橋)와 칠보교(七寶橋)이다. 청운교와 백운교(국보 제23호)는 751년 김대성이 불국사를 창건할 때 함께 만들어진 것으로 우리나라에서 가장 오래된 다리일 뿐만 아니라 통일신라 시대 다리로는 유일하게 완전한 형태로 남아 있는 매우 귀중한 유물이다. 이 다리는 사바세계에서 석가모니 부처님이 있는 불국토로 진입하는 계단 형태의 다리이다. 아래로는 17단의 청운교가 있

그림 2-37.
왼쪽: 경주 불국사 청운교와 백운교 측면.
오른쪽: 무지개 모양

고, 위로는 16단의 백운교가 있어 총 33개의 계단을 이루어 불교의 우주관을 나타낸다
(그림 2-36). 다리를 오르는 경사면은 45도 각도로 구성하여 정교하게 다듬었다. 아래는
무지개 모양으로 이루어져서 직선으로 올라가는 다리의 딱딱함을 부드럽게 감싸주며
다채로움을 더한다(그림 2-37). 무지개 모양의 아랫부분은 우리나라 석교나 성문에서
보는 반원형의 홍예교의 효시로서 중요한 자료가 된다(권중서, 『사찰의 문과 다리』, 대한
불교진흥원, 2010, 46쪽).

그림 2-38. 경주 불국사 안양문과 연화교, 칠보교(국보 제22호) 측면

연화교와 칠보교(국보 제22호)는 아미타부처님이 계시는 극락세계로 들어가는 안양문으로 오르는 계단이다. 이 다리는 기본적으로 청운교, 백운교와 비슷한 구성이다. 계단을 다리 형식으로 만든 점, 경사면은 45도 각도로 한 점, 다리 아래 무지개 모양의 통로를 만든 점 등이 그러하다(그림 2-38). 전체 18계단으로 되어 있는데 아래는 10단의 연화교, 위는 8단의 칠보교가 놓여 있다(그림 2-39). 각 계단은 독특하게 디딤돌마다 아름다운 연꽃을 새겨 넣어 무량수불, 즉 아미타부처님을 설명하는 열여섯 장면을 연출하고 있다(그림 2-39 확대 사진). 그러나 세월이 많이 지나 조각이 희미해져서 현재는 출입을 금하고 있다.

그림 2-39.
위: 경주 불국사 안양문과 연화교,
칠보교(국보 제22호).
아래: 디딤돌 연꽃 문양 확대 사진

4 절 앞의 장승,
절 경계 표시 당간과
당간지주

절의 경계를 표시하는 것이 지금은 일주문으로 되어 있지만 예전에는 마을을 지키던 장승이 그 역할을 대신하기도 했다. 장승은 잡귀를 물리치고, 전염병을 예방하며, 마을을 수호하는 목적으로 마을 입구에 세워지던 것으로 조선 후기에 들어 절입구에 세워지기 시작했다. 가람을 보호하고 불법을 수호하기 위한 수단으로 절 입구에 세워져 일주문처럼 절의 경계를 표시하기도 한다. 사찰의 장승은 현재 남아 있는 경우가 많지 않으며, 돌장승과 나무장승의 수가 비슷하다. 돌장승은 보관이 용이하므로 오래된 것이 많지만, 나무장승은 대부분 다시 만든 것들이다. 남원 실상사(그림 2-40)나 나주 불회사의 돌장승은 사찰 입구에 온전하게 남아 있어 유명하다.

절과 속세의 경계를 표시하는 대표적인 유물은 당간지주(幢竿支柱)이다. 절에 행사가 있을 때 절의 입구에는 당(幢)이라는 깃발을 달아두는데 이 깃발을 달아두는 장대를 당간(幢竿)이라 하며(그림 2-41 왼쪽 검은색 화살표), 장대를 양쪽에서 지탱

그림 2-40. 남원 실상사 입구의 돌장승

그림 2-41. 왼쪽: 공주 갑사 철당간(검은색 화살표). 오른쪽: 당간지주(확대 사진)

해 주는 두 돌기둥을 당간지주라 한다(그림 2-41 오른쪽 확대 사진). 당간이란 원래 절
의 종파를 표시하는 깃발이나 행사를 알리는 깃발인 당을 매단 깃대이다. 예전에는 이
곳이 절임을 알리는 표시였지만 현재는 당간은 대부분 사라지고 당간을 매달던 당간지
주만 남아 있다.

그림 2-42. 왼쪽: 안성 칠장사 철당간(경기 유형문화재 제39호). 오른쪽: 보은 법주사 철당간

　　당간은 돌, 철 및 나무로 만들었는데 나무로 만들어 사용하던 목당간은 모두 없어지고 현재는 당간지주만 남아 있다. 철제로 만든 당간이 공주 갑사(보물 제256호, 그림 2-41), 안성 칠장사(그림 2-42 왼쪽), 보은 법주사(그림 2-42 오른쪽) 등에 남아 있을 뿐이다. 돌로 만든 석당간은 전남 담양 객사리와 나주에 온전하게 남아 있다.

　　당간지주는 삼국 시대부터 세웠던 것으로 고려 시대에는 거대한 규모로 만들어졌다. 현존하는 당간지주 중 가장 큰 것으로 강릉 굴산사지(堀山寺址)의 당간지주를 들 수 있다. 이 당간지주는 굴산사지에서 좀 떨어진 남쪽 언덕 넓은 벌판에 세워져 있다. 통일신라 시대에 만든 것으로 보물 제86호로 지정되어 있다. 높이가 5.4m에 달하는 거대한 석재로 만들었으며 양 지주의 4면은 아무 조각이 없는 민면인데, 돌을 다듬을 때에 생긴 잡다한 정자국이 그대로 남아 있다. 지주 위쪽 가까이에 둥근 홈을 파서 간을 시설하였고 아래에서 3분의 1쯤 되는 곳에 둥근 구멍을 관통시켜 간을 고정시키도록 하였다(그림 2-43)(한국문화유산답사회,『답사여행의 길잡이 3 – 동해·설악』, 돌베개, 2011).

그림 2-43.
강릉 굴산사지 당간지주
(보물 제86호)

현존하는 당간지주 중 문화재급으로는 영주 부석사 당간지주(보물 제255호, 그림 2-44 왼쪽 첫번째), 서산 보원사지 당간지주(보물 제103호, 그림 2-44 두번째), 대구 동화사 당간지주(보물 제254호, 그림 2-44 세번째), 김제 금산사 당간지주(보물 제28호, 그림 2-44 네번째), 익산 미륵사지 당간지주(보물 제236호), 부여 무량사 당간지주(충남유형문화재 제57호) 등을 들 수 있다.

3장
부처의 세계로 들어가는 문

1 긴장의 끈을 놓지 않는 곳
금강문(金剛門)과 금강역사(金剛力士)

일주문을 지나 비탈길을 올라가다 보면 중심 불전에 도달하기 전에 전각 구조를 갖춘 몇 개의 문을 만나는데, 배치 순서는 금강문(金剛門)-천왕문(天王門)-불이문(不二門) 순으로 되어 있는 것이 보통이다. 작은 규모의 사찰에는 금강문이 없기도 하고, 일부 사찰에서는 천왕문이 먼저 나오고 이어서 금강문이 나오기도 한다. 금강문은 전각 구조를 갖춘 사찰의 첫 문이기도 하며 사찰의 중문에 해당한다(그림 3-1).

일주문에서 금강문까지는 비교적 자유스러운 공간으로 자연친화적으로 구성되어 있지만 금강문 안으로 들어가면 부처님이 계신 공간에 해당하므로 엄숙하고 경건한 자세를 갖춰야 한다. 이를 위해 금강문은 정면 세 칸으로 만들어 중앙은 통로로 이용하고 그 좌우 각 한 칸에 금강역사를 모셨다. 참배자가 삿된 마음을 갖지 못하도록 두 명의 금강역사가 지키고 있는 것이다. 따라서 누구나 금강문 안에 들어서면 합장을 하고 경건한 마음을 갖게 되는 것이다.

그림 3-1. 완주 송광사 금강문(전북 유형문화재 제173호). 이어지는 천왕문이 보인다.

금강역사는 고대 인도의 문을 지키는 신(神)인 야차에서 비롯되었으며, 조형은 기원전 2세기 인도에서부터 시작되어 중앙아시아를 거쳐 중국, 한국으로 전해졌다. 우리나라에서는 634년에 건축된 경주 분황사 모전석탑(模塼石塔, 국보 제30호)에 처음으로 그 모습이 새겨졌다(그림 3-2). 금강역사는 인왕역사라고도 하며, 밀적금강(密跡金剛)과 나라연금강(那羅延金剛)이 있다. 근육질 몸매에 얼굴은 주름이 잡혀 있으며, 눈은 부릅뜨고 입은 벌리거나 힘주어 다문 모습으로 위엄을 나타낸다. 대개 윗옷은 벗고 머리를 뒤로 세워 묶은 모습을 하고 있다. 팔과 다리는 근육이 튀어나올 것만 같아 힘이 느껴지며, 손은 주먹을 쥐거나 펼친 채로 무기인 금강저(金剛杵)를 들고 무술하는 모습을 하고 있다.

그림 3-2. 경주 분황사 모전석탑(국보 제30호) 문 옆의 인왕상.
우리나라 최초의 여왕이 된 선덕여왕(632~646년)이 이를 기념하기 위해 634년에 세운 대찰(大刹)이다.
4문(門)에 각 2구씩의 인왕상과 기단 네 모서리에 사자상 1구씩을 배치하였다.
이 모전석탑의 인왕상들은 우리나라 인왕상 중에서 가장 먼저 만들어진 것들이다.

금강문으로 들어설 때 오른쪽에 서 있으며 주로 손을 들어 방어 자세를 취하고 있는 금강역사가 밀적금강(密迹金剛)이다(그림 3-3 오른쪽). 밀적금강은 손에 금강저(金剛杵)를 지니고 부처를 보호한다는 신(神)으로 항상 부처 곁에서 그의 비밀스러운 행적을 들으려고 하므로 밀적이라 한다(곽철환, 『시공 불교사전』, 시공사, 2003). 입을 굳게 다문 모습으로 표현되어 '훔금강'이라고도 불린다. 들어가면서 볼 때 왼쪽에 서 있고 공격적인 자세를 취하고 있는 금강역사는 나라연금강(那羅延金剛)이다(그림 3-3 왼쪽). 나라연금강 역시 부처님을 보호하는 천상계의 역사로 그 힘의 세기가 코끼리의 백만 배나 된다고 한다. 보통 '아' 소리를 내는 모습을 하고 있어 '아금강'이라고도 불린다. '아'는 산스크리트어의 첫 글자로 우주가 열리는 소리를 의미하고, '훔'은 마지막 글자로 우주가 닫히는 소리를 의미한다.

금강역사 옆에는 사자를 타고 있는 문수동자(그림 3-4 위)와 코끼리를 타고 있는 보현동자(그림 3-4 아래)가 있다. 들어가면서 보면 오른쪽 밀적금강 옆에 문수동자, 왼쪽 나라연금강 옆에 보현동자가 자리하고 있다.

그림 3-3. 구례 화엄사 금강문 안에 있는 금강역사.
왼쪽: 나라연금강, 공격적인 자세를 취하고 있다. **오른쪽:** 밀적금강, 방어적인 자세를 취하고 있다.

금강문 안의 사자와 코끼리는 서로 다른 쪽을 바라보며 동자를 태우고 있다. 금강문으로 들어가면서 오른쪽에는 사자를 타고 있는 문수동자가 금강문 안으로 들어오는 참배객을 바라보고 있다(그림 3-5). 이는 참배객으로 하여금 사자처럼 용맹하게 번뇌를 끊고 문수의 지혜로 불법을 깨달아야 한다고 알려주고 있다. 한편 왼쪽에는 보현동자가 타고 있는 코끼리의 방둥이가 먼저 보이도록 배치하고 있는 점이 특이하다. 사찰 참배를 마치고 집으로 돌아가는 사람들에게 코끼리처럼 끈기 있게 부처님의 지혜를 실천해야 함을 알려주기 위해 코끼리를 타고 있는 보현동자를 바라보게 한 것이다(그림 3-6)(권중서, 『사찰의 문과 다리』, 대한불교진흥원, 2010, 118쪽). 따라서 금강문을 들어갈 때는 지혜를 밝히겠다는 각오, 나올 때는 이를 실천하겠다는 다짐을 하면서 합장하고 예를 올려야 한다.

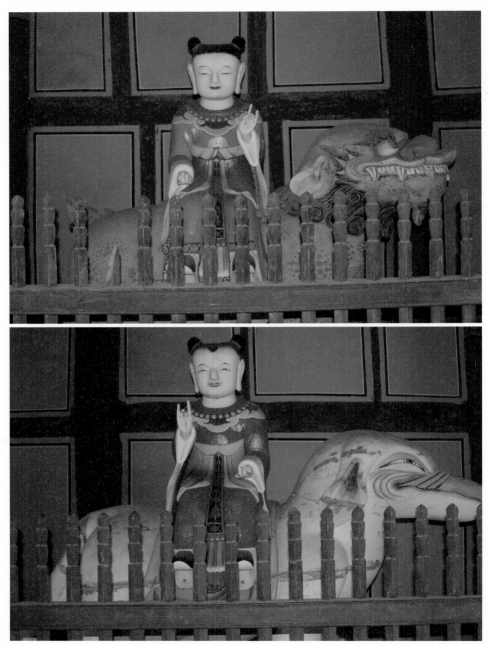

그림 3-4. **위**: 하동 쌍계사 금강문 안의 사자를 타고 있는 문수동자상.
아래: 코끼리를 타고 있는 보현동자상

그림 3-5. 완주 송광사 금강문 밀적금강과 사자를 타고 있는 문수동자.
금강문으로 들어가면서 보면 우측에 있고, 들어갈 때 사자 머리가 보인다.

그림 3-6. 구례 화엄사 금강문 좌측의 코끼리를 타고 있는 보현동자상.
들어갈 때 코끼리 방둥이가 보이고 나올 때 머리가 보이게 위치해 있다.

그림 3-7. 하동 쌍계사 금강문(경남 유형문화재 제127호)

문화 유적으로는 하동 쌍계사 금강문(경남 유형문화재 제127호), 완주 송광사 금강문(전북 유형문화재 제173호), 공주 마곡사 해탈문(충남 문화재자료 제66호) 등이 유명하다. 쌍계사 금강문은 신라 문성왕 2년에 진감 국사(眞鑑 國師)가 지었고, 인조 19년(1641년)에 벽암 선사(碧巖 禪師)가 다시 지었으며, 현재의 건물은 1979년에 수리한 것이다. 정면 3칸, 측면 2칸의 맞배지붕 건물이다. 가운데 칸은 개방하여 통로로 사용하고, 양 끝 칸은 벽으로 막아서 금강역사를 모시고 있다. 문 앞에는 벽암 스님이 쓴 '金剛門(금강문)'이란 현판이 있다(그림 3-7).

완주 송광사 금강문은 정면 3칸, 측면 2칸으로 팔작지붕 건물이다(그림 3-1). 지붕 천장을 받치기 위해 장식하여 만든 공포는 기둥 위와 기둥 사이에도 있는 다

그림 3-8. 공주 마곡사 해탈문(충남 문화재자료 제66호). 금강문에 '解脫門(해탈문)'이란 편액이 걸려 있다.

포 양식이고, 천장은 뼈대가 그대로 드러나 있는 연등천장이다. 정면 3칸 중에 가운데 칸이 출입구이고, 양 옆 칸에는 금강역사와 사자, 코끼리를 타고 있는 동자상 2구씩을 배치하고 있다.

일주문을 지나서 만나는 첫 번째 문을 일반 사찰에서는 금강문이라 하는데 공주 마곡사는 금강문에 '解脫門(해탈문)'이란 편액을 달고 있어 특이하다(그림 3-8). 이는 "금강삼매경"에서 말하는 세 가지 해탈문 중 금강해탈에 들어가는 문의 의미로서, 주관과 객관의 모든 존재가 비어 있어 차별의 문을 떠나는 무상해탈(無相解脫)의 문임을 말하고 있다(권중서, 『사찰의 문과 다리』, 대한불교진흥원, 2010, 142쪽).

2 불법 수호의 장
천왕문(天王門)과 사천왕상(四天王像)

일주문을 지나 절로 들어가다 보면 금강문을 지나 또 하나의 문을 만난다. 일부 사찰에는 금강문이 없고 일주문 다음에 바로 천왕문이 나타나기도 한다. 일주문과는 달리 제대로 된 문인데 대부분 정면 3칸, 측면 2칸의 규모로 되어 있다(그림 3-9 위). 간혹 보은 법주사의 천왕문처럼 정면 5칸의 큰 건물로 된 경우도 있다(그림 3-9 아래). 정면 3칸 중 가운데로 사람이 출입할 수 있도록 되어 있다. 이 문으로 들어서면 양옆으로 험상궂은 얼굴로 출입하는 사람을 노려보는 사천왕상(四天王像)을 만난다. 그래서 이 문을 천왕문(天王門) 또는 사천왕문(四天王門)이라고 한다. 불법을 수호하는 사천왕상은 부릅뜬 눈과 크게 벌린 입, 발밑에 마귀가 신음하고 있는 듯한 모습으로 조성되어 보는 이들을 두렵게 만든다. 이와 같이 천왕문 안에 무시무시한 사천왕상을 모신 것은 사찰을 지키고 악귀를 내쫓아 청정도량(淸淨道場)을 만들고 사람들의 마음을 엄숙하게 하여, 사찰이 신성한 곳이라는 생각을 갖게 하기 위한 것이다. 그러나 가장 큰 의

그림 3-9. 위: 공주 마곡사 천왕문(충남 문화재자료 제62호). 정면 3칸, 측면 2칸 규모이다.
아래: 보은 법주사 천왕문(충북 유형문화재 제46호). 정면 5칸, 측면 2칸의 다포식 맞배지붕 건물로
우리나라에서 가장 큰 천왕문으로 꼽힌다.

미는 수행자의 마음속에 깃든 번뇌와 좌절을 없애 한마음으로 정진할 것을 강조하는 것이며 절을 찾아온 중생들의 마음속에 있는 잡념을 없애주려는 것이다. 그래서인지 절을 참배하는 사람은 누구나 사천왕상 앞에서 자기도 모르게 머리 숙여 절을 하게 된다.

현존하는 천왕문 중 문화재급으로는 춘천 청평사 회전문(보물 제164호, 그림 3-10, 3-11), 양산 통도사 천왕문(경남 유형문화재 제250호, 그림 3-12 왼쪽), 하동 쌍계사 천왕문(경남 유형문화재 제126호, 그림 3-12 오른쪽), 장성 백양사 천왕문(전남 유형문화재 제44호), 보은 법주사 천왕문(충북 유형문화재 제46호, 그림 3-9 아래), 공주 마곡사 천왕문(충남 문화재자료 제62호, 그림 3-9 위) 등이 있다.

춘천 청평사 회전문(春川 淸平寺 廻轉門)은 조선 명종 때 보우 선사에 의해 중건되었으며 청평사의 중문에 해당된다. 청평사의 회전문은 절에 들어설 때 만나게 되는 두 번째 문인 사천왕문을 대신하는 것으로, 중생들에게 윤회전생을 깨우치려는 의미의 문이다. 맞배지붕 건물로 정면 6m 세 칸, 측면 3m 한 칸 길이로 다른 사찰의 천왕

그림 3-11. **왼쪽:** 춘천 청평사 회전문 중앙 통로 옆 안쪽. **오른쪽:** 홍살문과 천장

문에 비해 규모가 작다(그림 3-10). 이 문은 중앙의 한 칸을 넓게 잡아 통로로 하고 좌우 칸에는 마루를 깔았다(그림 3-11 왼쪽). 천왕문에 마루를 깐 형태는 다른 천왕문에서는 볼 수 없는 특이한 구조로 이곳에 크지 않은 사천왕상을 봉안하였던 것 같다. 윗부분에는 화살 모양의 나무를 나란히 세워 만든 홍살이 설치되어 있다(그림 3-11 오른쪽). 16세기 중엽 건축 양식 변화 연구에 중요한 자료가 된다. 사천왕상을 모신 건물을 천왕문 또는 사천왕문이라 부르는데 이곳 청평사는 왜 회전문이라고 하는지는 알 수 없다. 다만 조선 중기 문신 이명준(李命俊)의 문집 『잠와유고(潛窩遺稿)』를 보면 "북쪽에 양진굴이 있고 남쪽에 유점사가 있다. … 진여문을 나서면 그 다음에 범종루가 있고, 그 다음에 회전문이 있는데 문의 좌우에는 천왕 두 구씩을 봉안하였다(北有養眞窟 南有楡岾 … 出眞如門 次有梵鐘淚 次有廻轉門 左右各安天王二軀)"라는 말이 있어 청평사 회전문에도 애초에는 사천왕상을 봉안하였을 가능성이 높다(권중서, 『사찰의 문과 다리』, 대한불교진흥원, 2010, 187쪽).

　　양산 통도사 천왕문(경남 유형문화재 제250호)은 고려 시대 창건 후 조선 시대 후기에 다시 지어진 건물이다(그림 3-12 왼쪽). 문의 규모는 정면 3칸, 측면 2칸으로 지붕은 맞배지붕으로 되어 있다. 안에 봉안된 사천왕상은 분노형으로 되어 있으나 괴기하거나 표독스럽지 않다.

　　하동 쌍계사 천왕문(경남 유형문화재 제126호)은 숙종 30년(1704년)에 박봉 스님이 지었고 순조 25년(1825년)에 고쳤으며, 현재의 건물은 1978년에 다시 수리한 것이다. 정면 3칸, 측면 2칸의 규모이며, 맞배지붕집이다. 가운데 칸은 개방해서 통로로 사용하고 있고, 양 옆 칸은 벽으로 막은 후 목조사천왕상을 봉안하고 있는데, 조각 솜씨가 뛰어나다(그림 3-12 오른쪽)(문화재청 자료에서 인용).

그림 3-12. **왼쪽:** 양산 통도사 천왕문(경남 유형문화재 제250호). **오른쪽:** 하동 쌍계사 천왕문(경남 유형문화재 제126호)

사천왕은 원래 고대 인도의 신이었으나 불교에 수용되면서 불법을 수호하는 외호 신중(外護 神衆)의 구실을 하게 되었다. 불교의 세계관에 의하면 사람들이 사는 곳은 수미산 기슭의 네 대륙 중 남쪽의 염부제(閻浮提)이다. 그 위 수미산 중턱에 사천왕천이 있다. 사천왕은 사람들 세상과 가까이 있는 하늘에서 수미산 정상에 있는 도리천(忉利天, 三十三天)의 주재자인 제석천을 도와 불법을 수호한다. 사천왕은 잡귀를 내쫓아 사찰과 불법을 수호하고 절을 찾는 사람에게 죄 짓는 두려움과 부처님에 대한 경외심을 심어주는 역할을 한다. 우리나라에서는 통일신라 초기부터 나타나기 시작하여 조선시대에는 사찰 입구에 사천왕문을 세워 모시고 있다.

그림 **3-13**. 양산 통도사 사천왕상. **위:** 들어가면서 왼쪽에 보이는 서방 광목천왕(사진의 왼쪽)과 북방 다문천왕(사진의 오른쪽).
아래: 들어가면서 오른쪽에 보이는 동방 지국천왕(사진의 오른쪽)과 남방 증장천왕(사진의 왼쪽)

사천왕은 각자 동서남북 중 한 방향을 맡아 불법을 수호하고 있는데, 우리 나라의 주 불전은 남향을 하고 앉아있어 들어가면서 오른쪽이 동쪽이고 왼쪽이 서쪽이 된다. 따라서 대웅전을 향하여 들어갈 때 왼쪽에는 서방 광목천왕(廣目天王)과 북방 다문천왕(多聞天王), 오른쪽에는 동방 지국천왕(持國天王)과 남방 증장천왕(增長天王)을 배치하는 것이 일반적이다(그림 3-13). 대체로 눈은 크게 부릅뜨고, 입은 큰 데다가 빨갛고, 몸에는 갑옷을 걸치고 있으며 손에는 일정한 지물(持物)을 들고 있다. 사천왕의 모습은 자세히 보면 피부색이나 얼굴 모습이 서로 달라 구별되지만 특히 손에 든 지물로 잘 구별된다. 서방을 맡는 광목천왕은 용과 여의주를 잡고 있고(그림 3-13 위 사진의 왼쪽), 북방을 지키는 다문천왕은 삼지창과 보탑을 들고 있다(그림 3-13 위 사진의 오른쪽). 동방을 맡는 지국천왕은 손에 칼을 들고 있고(그림 3-13 아래 사진의 오른쪽), 남방을 지키는 증장천왕은 손에 비파를 들고 있다(그림 3-13 아래 사진의 왼쪽). 각 방위를 담당하는 사천왕의 명칭과 지물은 시대에 따라서 차이를 보인다. 조선 후기에 들어 정형화되는 경향을 보이지만 아직도 사찰에 따라 제각기 다르게 배치되어 있다. 그중에서도 가장 변화가 적고 일정한 것은 북방 다문천왕이 보탑을 들고 있는 것이다. 이는 다문천왕이 불법을 수호하겠다고 다짐하였기 때문이며 사천왕의 리더 격인 셈이다.

조선 시대 작품 중 가장 오래된 것은 전남 장흥 보림사 목조사천왕상(보물 제1254호)이며, 조성 연대가 확실한 것은 완주 송광사의 소조사천왕상(보물 제1255호)이다. 이외에 문화재급 사천왕상으로는 순천 송광사 소조사천왕상(보물 제1467호), 경북 청도 적천사 목조사천왕상(경북 유형문화재 제153호), 홍천 수타사 소조사천왕상(강원 유형문화재 제121호), 고흥 능가사 목조사천왕상(전남 유형문화재 제224호), 영광 불갑사 사천왕상(전남 유형문화재 제159호) 등이 있다.

장흥 보림사 목조사천왕상(보물 제1254호)은 의자에 앉아 있는 모습을

그림 3-14. 장흥 보림사 천왕문 사천왕상(보물 제1254호).
왼쪽 위: 서방 광목천왕. **오른쪽 위:** 북방 다문천왕. **왼쪽 아래:** 동방 지국천왕. **오른쪽 아래:** 남방 증장천왕

하고 있다. 서방 광목천왕상(廣目天王像)이 오른손에는 칼, 왼손에는 두 갈래로 갈라진 짧은 창을 들고 있어 용이나 여의주를 들고 있는 일반 형식과 다르다(그림 3-14 왼쪽 위 사진). 보림사 사천왕상은 현존하는 사천왕상 가운데 가장 오래된 것으로, 임진왜란 이전의 것으로는 유일하다. 각부의 조각이 우수할 뿐만 아니라 권속(眷屬)들과 함께 매우 화려하고 작품성도 뛰어나다(두산백과에서 인용).

전북 완주 송광사의 소조사천왕상(보물 제1255호, 그림 3-15, 3-16)은 서방 광목천왕상 왼쪽 머리끝 뒷면에 조선 인조 27년(1649년)에 조성된 것을 알 수 있는 글이 있고(그림 3-15 왼쪽), 북방 다문천왕상 왼손에 얹어 놓은 보탑 밑면에 정조 10년(1786년)에 새로이 보탑을 만들어 안치하였음을 알려 주는 기록이 있다(그림 3-15 오른쪽). 이 사천왕상은 제작 연대가 확실한 작품이다. 송광사 사천왕상은 균형감 있는 신체 비례, 살아 있는 얼굴 표정, 갑옷의 정교함, 옷 주름의 유연함 등 제작 기법이 뛰어나 조선 후기 사천왕상 중 가장 표현이 뛰어난 사천왕상이다. 특히 인자한 표정과 용맹스러운 모습이 돋보인다(그림 3-15, 3-16).

이 사천왕상들은 금빛 갑옷을 입고 손목에는 단단한 토시를 찼다. 천관(天冠) 중앙에는 공작을, 좌우에는 청룡과 황룡을 조각하였으며 그 사이에는 구름 문양을, 위쪽엔 맹렬히 타오르는 불꽃 모양 떨판을 꽂았다. 또한 아래에는 꽃과 붉은색 끈이 휘날리는 모양을 표현하여 화려하고 아름답다. 견갑(肩甲)에서 나온 팔꿈치 대의는 크게 휘날리며, 복갑(腹甲)에는 크고 강한 이빨로 허리띠를 물고 있는 귀면을 조각하여 사천왕의 위용을 더했다. 허리띠에는 여러 마리의 용과 사자 등을 조각해 화려함을 더하였다.

보통 사천왕의 발밑에 있는 악귀들은 사천왕의 발에 눌려 고통을 참고 있는 형상이다. 하지만 완주 송광사 사천왕상의 악귀들은 자신이 벌을 받아야 하는 자임을 망각한 듯 오히려 사천왕의 한쪽 다리를 가볍게 들고 지나가는 사람들에게 눈을 부

그림 3-15. 완주 송광사 소조사천왕상(보물 제1255호). **왼쪽:** 서방 광목천왕. **오른쪽:** 북방 다문천왕

그림 3-16. 완주 송광사 소조사천왕상(보물 제1255호). **오른쪽:** 동방 지국천왕. **왼쪽:** 남방 증장천왕

라리며 겁을 주는 모습이라 재미있기만 하다(권중서, 『사찰의 문과 다리』, 대한불교진흥원, 2010, 177쪽).

순천 송광사 소조사천왕상(보물 제1467호)은 흙으로 조성한 것으로 네 상 모두 의자에 걸터앉은 자세로 전형적인 분노형 얼굴에 머리에는 용(龍), 봉(鳳), 화(花), 운문(雲紋)이 장식된 관을 쓴 무인상(武人像)으로 각기 오른발은 악귀를 밟고 있

그림 3-17. 순천 송광사 소조사천왕상(보물 제 1467호). **위:** 서방 광목천왕(사진 왼쪽)과 북방 다문천왕(사진 오른쪽).
아래: 동방 지국천왕(사진 오른쪽)과 남방 증장천왕(사진 왼쪽)

는 데 비해 왼발은 악귀들이 받쳐 든 형식을 취하고 있다(그림 3-17). 대형의 상임에도 불구하고 신체 각 부위 비례가 어긋나지 않고 적당하며 부피감과 함께 사실적 기법이 돋보인다. 남아 있는 자료로 볼 때 정유재란으로 훼손된 상을 1628년(인조 6년)에 다시 만든 것으로 추정된다(문화재청 자료에서 인용).

3 승과 속이 둘이 아닌
마지막 관문
불이문(不二門)

부처님 계신 곳에 들어가는 마지막 문이 불이문(不二門)이다. 절 입구의 경계인 일주문을 지나 계곡을 따라 구부러진 숲길을 가다 보면 어느 정도 마음이 잔잔해지고, 속세를 떠나 진리의 세계로 들어간다는 경외감이 생길 즈음에 다리를 건너 금강문에 도달한다. 부처님을 외호하는 금강역사를 바라보면서 혹시나 삿된 생각은 없는지 자신을 돌아본다. 먼저 오른쪽에서 나를 바라보고 있는 사자의 용맹한 모습과 그 등에 타고 있는 문수동자를 보면서 번뇌의 사슬을 끊고 지혜를 밝히겠다는 다짐을 한다. 왼쪽에 있는 코끼리의 뒷모습과 그 위에 앉아 있는 보현동자를 보고 부처님을 뵙고 절을 나설 때 부처님의 가르침대로 살며 자비를 실천할 것을 다짐해본다. 이어서 천왕문 안 사천왕의 부릅뜬 눈을 보면 저절로 합장하여 참회하게 된다. 매일매일 몸·입·뜻으로 짓고 있는 모든 업을 참회하고, 숙생의 업까지 다 씻어내 지혜의 광명으로 바른 삶을 살겠다는 원을 세워 본다. 이렇게 하고서 본당에 들어서기 직전에 마지막으로 만나는 문이 불이문이다(그림 3-18).

그림 3-18. **위:** 양산 통도사 불이문(경남 유형문화재 제252호). 정면 3칸, 측면 2칸의 화려한 팔작지붕 건물이다.
'源宗第一大伽藍(원종제일대가람)'이라고 쓴 현판은 명나라 태조 주원장이 직접 쓴 것이라고 전해진다.
아래: 부산 범어사 불이문(2009년 촬영)

그림 3-19. **위:** 해남 대흥사 해탈문. **아래:** 영주 부석사 안양문

부처와 중생은 원래 둘이 아니다. 한마음 깨치면 부처요 한마음 미혹하면 중생이다. 중생은 모두 불성을 갖고 있어 무명을 벗으면 바로 내 안의 부처가 드러난다. 부처님이 계시는 법당 앞마당에 들어가기 전에 나를 내려놓고, 너와 나의 구별이 없는 본래의 나, 불성을 바로 보라는 뜻에서 불이문을 만들었다.

그림 3-20. 경주 불국사 자하문과 청운, 백운교

불이(不二)란 말 그대로 둘이 아니라는 뜻이다. 즉, 너와 내가 다르지 않고, 부처와 중생, 주관과 객관, 선과 악 등 삼라만상 모두가 상대적이거나 이분적인 것이 아니다. 이것이 부처의 세계요, 해탈의 경지인 것이다. 따라서 불이문을 해탈문(解脫門)이라고도 한다(그림 3-19 위). 불이문은 부처의 세계를 상징하는 다른 이름이 현판에 붙어 있는 경우가 많다. 예를 들면 영주 부석사는 안양문(安養門)이라고 했다(그림 3-19 아래). 안양문을 지나면 아미타불이 주재하는 극락정토를 상징하는 무량수전이 나타난다. 안양이란 극락을 나타내는 다른 말이다.

건축 형태는 정면 3칸으로 되어 있는 것이 일반적이다. 그러나 불국사의 자하문처럼 종교적인 상징성을 극대화하여 33천을 상징하는 33계단을 통하여 올라갈

그림 3-21. 영주 부석사 안양문, 무량수전 앞마당에서 바라본 모습.
安養樓(안양루)란 현판이 달려 있고 멀리 소백산 능선이 보이는 풍광이 아름답다.

그림 3-22. 영암 도갑사 해탈문(국보 제50호)

수 있도록 만든 것이 있는가 하면(그림 3-20) 부석사 안양문처럼 누각의 형태로 만들어
자연 경관을 즐길 수 있도록 만든 것도 있다(그림 3-21).

　　　　건축으로는 영암 도갑사 해탈문(국보 제50호)이 우리나라에서 흔하게 볼
수 없는 산문(山門) 건축으로, 청평사 회전문(보물 제164호)과 비교되는 중요한 건물이

그림 3-23. 영암 도갑사 해탈문(국보 제50호), 전면 모습

다. 정면 3칸, 측면 2칸 크기이며, 절의 입구에 서 있다. 좌우 1칸에는 절 문을 지키는 금강역사상이 서 있고, 가운데 1칸은 통로로 사용하고 있다(그림 3-22, 3-23). 건물 밖 위쪽에는 도갑사의 정문임을 알리는 '月出山道岬寺(월출산도갑사)'라는 현판이 걸려 있으며, 안쪽에는 '解脫門(해탈문)'이라는 현판이 걸려 있다(그림 3-23). 이 문의 건축 양식은 부석사 조사당(祖師堂)(국보 제19호)과 동일한 계통이나 특이한 점은 공포 부분이 다포 계통의 형태로 되어 있어 주심포집이면서 다포집 양식의 수법을 혼용한 것이라 할 수 있다. 1960년 해체 수리 때 발견된 상량문에 의하면 조선 성종(成宗) 4년(1473년)에 중건되었다고 한다. 영암 도갑사 해탈문은 안에 금강역사가 봉안되어 있고, 절 입구에 서 있는 점으로 보아 불이문보다는 금강문에 해당하는 것이 아닌가 하는 생각이 든다.

4장

부처의 세계로 진입

1 누각에서
부처님을 바라보며

　　부처의 세계에 이르는 마지막 관문인 불이문을 나오면 바로 눈앞에 보이는 건물이 누각(樓閣)이다. 원래 누각은 사방을 바라볼 수 있도록 마룻바닥을 지면에서 높게 지은 다락 형식의 집을 말한다(그림 4-1). 풍광이 좋은 산야에 있던 누각이 사찰 구성 요소의 하나로 자리 잡은 것은 조선 시대부터이다. 누각은 보통 법회나 강설, 또는 대중 집회 장소로 활용되고 있다. 사찰의 누각은 자연 경관을 감상하기 위한 목적으로 조성한 것이 아니므로 일반 누각처럼 사방이 확 트인 경우보다 불전을 향한 면(그림 4-2 오른쪽)을 제외한 나머지 삼면이 판벽이나 여닫이문으로 마감된(그림 4-2 왼쪽) 경우가 많다(허균, 『사찰 100미 100선』, 불교신문사, 2007, 32쪽).

그림 4-1. 영주 부석사 안양루

그림 4-2. 완주 화암사 우화루(보물 제662호). **왼쪽:** 입구에서 본 모습으로 담과 판막으로 막혀 있다.
오른쪽: 불전 앞마당에서 본 모습, 부처님을 향한 면으로 대중이 모여 법회를 보거나 대중 공사나 집회를 보는 곳이다.

그림 4-3. **왼쪽:** 안동 봉정사 덕휘루(만세루). 누각 밑을 통해서 법당 마당으로 진입(흰 화살표).
오른쪽: 완주 화암사 우화루. 누각은 막혀 있고 누각 옆 좌측의 문을 통해 법당의 마당으로 진입한다(흰 화살표).

누각은 보통 일주문에서 금강문, 천왕문, 불이문을 거쳐 중심 법당을 잇는 일직선상에 위치하므로 참배객은 무의식적으로 누각 밑을 통과하여 법당 앞마당으로 진입하게 된다. 이런 현상은 영남 지방의 사찰(신라계 사찰)에서 두드러진다. 〈그림 4-3〉의 왼쪽 사진에서 보는 것처럼(흰 화살표) 누각 중앙에 통로를 만들어 누각 아래로 진입하게 되어 있다. 한편 백제계 사찰에서는 누각은 담장과 판막 및 미닫이문으로 막혀 있고, 누각 옆으로 난 작은 문을 통해서 법당 앞마당으로 진입하게 되어 있다(그림 4-3 오른쪽, 흰 화살표).

사찰 누각은 萬歲(만세), 普濟(보제), 德輝(덕휘), 天保(천보), 雨花(우화), 安養(안양), 九光(구광), 九龍(구룡), 枕溪(침계), 映月(영월), 寶華(보화) 등 이름이 다양하다. 이러한 누각의 이름은 불교적인 것보다 도교, 유교적 정서가 강한데, 이는 한국 사찰에서 볼 수 있는 흥미로운 현상이다.

그림 4-4. **왼쪽 위:** 고창 선운사 만세루. **오른쪽 위:** 안동 봉정사 만세루(덕휘루).
왼쪽 아래: 양산 통도사 만세루. **오른쪽 아래:** 청도 운문사 만세루

　　누각 이름 중 가장 흔한 것은 '만세루(萬歲樓)'이다. 만세라는 말은 불교에서 흔히 쓰이는 말은 아니며 '만세'는 '현세 복락이 영원히 유지되기'를 바랄 때 쓰는 말로 도교적 색채가 강한 개념이다. 현존하는 만세루 유적으로는 고창 선운사(전북 유형문화재 제53호, 그림 4-4 왼쪽 위), 안동 봉정사(경북 유형문화재 제325호, 그림 4-3 왼쪽, 그림 4-4 오른쪽 위), 양산 통도사의 만세루(경남 유형문화재 제193호, 그림 4-4 왼쪽 아래), 영광 불갑사(전남 문화재자료 제166호), 통영 안정사(경남 문화재자료 제145호), 태안 흥주사(충남 유형문화재 제133호), 청도 운문사(그림 4-4 오른쪽 아래), 달성 남지장사, 고령 반룡사 등을 들 수 있다. 안동 봉정사는 덕휘루(德輝樓)라고도 한다(허균, 『사찰 100미 100선』, 불교신문사, 2007, 34쪽).

그림 4-5. **왼쪽 위:** 구례 화엄사 보제루 전경. **오른쪽 위:** 구례 화엄사 보제루 기둥.
왼쪽 아래: 속초 신흥사 보제루(극락보전에서 바라본 모습). **오른쪽 아래:** 속초 신흥사 보제루 아래 누하 진입 모양

만세루 다음으로 흔한 것이 보제루(普濟樓)다. 보제라는 말은 '두루 구제한다', '널리 보살핀다'라는 의미로 해석된다. 현존하는 보제루 중 구례 화엄사 보제루(전남 유형문화재 제49호)가 유명한데(그림 4-5 왼쪽 위), 자연 상태의 나무를 그대로 기둥으로 삼고 있어 좋다(그림 4-5 오른쪽 위). 이외에도 속초 신흥사 보제루(강원 유형문화재 제104호, 그림 4-5 아래), 부산 범어사 보제루, 김제 금산사 보제루, 포항 보경사 보제루 등이 있다.

사찰 누각 중 문화재적 가치가 높은 건물로 완주 화암사의 우화루(雨花

그림 4-6. 영주 부석사 안양루. 무량수전 옆 삼층 석탑에서 본 부석사 안양루 모습

樓, 보물 제662호)가 있다(그림 4-2). 조선 광해군 때 지어진 건물로 주 법당인 극락전과 마주하며 정문과 같은 기능을 하는 고색창연한 건물이다. 입구에서 보는 앞면에는 누하 기둥을 두어 반2층 높이지만, 법당에서 보는 뒤쪽의 안마당을 높였기 때문에 뒷면은 단층 건물이다. 작은 마당과 텅 빈 우화루 마루가 한 면으로 이루어져, 마치 안마당 일부에 지붕만 덮은 듯해 마당의 연장 공간으로 느껴진다(그림 4-2 오른쪽)(김봉렬,『한국의 미 재발견 11 - 불교건축』, 솔출판사, 2004).

누각 가운데는 영주 부석사 안양루, 서산 개심사 안양루처럼 안양(安養)

그림 4-7. 서산 개심사 안양루. **왼쪽:** 정면에서 본 접지식 모습. **오른쪽:** 대웅전 앞마당에서 본 안양루

이란 말을 사용한 경우도 있다. 안양이란 말은 모든 일이 원만 구족하여 괴로움이 없는 극락정토를 의미하며 무량수전이나 극락전 앞에 있는 누각의 이름으로 사용한다. 부석사 안양루는 법회나 강학보다는 주변 경치를 감상하는 곳으로 더 어울리며(그림 4-6), 개심사 안양루는 다락식이 아닌 접지식이라는 점이 특징이라 할 수 있다(그림 4-7)(허균, 『사찰 100미 100선』, 불교신문사, 2007).

그림 4-8. **왼쪽 위:** 하동 쌍계사 팔영루(경남 문화재자료 제74호). **오른쪽 위:** 합천 해인사 구광루.
왼쪽 아래: 화성 용주사 천보루. **오른쪽 아래:** 여주 신륵사 구룡루

　　이외에도 하동 쌍계사엔 팔영루(경남 문화재자료 제74호, 그림 4-8 왼쪽 위), 합천 해인사엔 구광루(九光樓, 그림 4-8 오른쪽 위), 화성 용주사 천보루(경기 문화재자료 제36호, 그림 4-8 왼쪽 아래), 여주 신륵사엔 구룡루(九龍樓)(그림 4-8 오른쪽 아래) 등 여러 종류의 이름이 붙은 누각들이 있다.

　　도교적 풍류가 넘치는 이름의 누각으로는 해남 대흥사, 울주 석남사, 순천 송광사의 침계루(枕溪樓, 그림 4-9)가 있고, 부안 내소사엔 봉래루(蓬萊樓)라는 이름의 누각이 있다(그림 4-10). 이 밖에 신선 사상과 관련이 있는 '구름을 탄다'는 뜻의 의성 고운사 가운루(駕雲樓)(경북 유형문화재 제151호, 그림 4-11 왼쪽), '신선이 내려오는 곳'이란 뜻의 선암사 강선루(降仙樓, 그림 4-11 오른쪽), 낭만적 서정이 가득한 통도사 극락암의 영월루(映月樓)가 있다.

그림 4-9. **위:** 순천 송광사 침계루(사자루). **아래:** 해남 대흥사 침계루

그림 4-10. 부안 내소사 봉래루

그림 4-11. **왼쪽**: 의성 고운사 가운루(경북 유형문화재 151호). **오른쪽**: 순천 선암사 강선루(안쪽에서 본 모습)

2 범종각(梵鍾閣)

누각을 지나 법당 앞마당에 들어서면 제일 먼저 만나는 전각이 범종각(梵鍾閣) 또는 범종루(梵鍾樓)인 경우가 많다. 범종각(루)은 일반적으로 불이문과 동일선 상에 위치하지만 사찰의 입지 조건에 따라 누각과 일직선으로 또는 중정 옆에 위치하기 도 한다. 사찰로 들어가면서 왼쪽, 부처님을 모신 전각에서 볼 때 오른쪽에 위치하게 된 다. 이것은 불교의 체용설(體用設)과 관련이 있다. 체(體)는 근원적 실재를, 용(用)은 그 작용을 말하는 것으로, 위치로 보면 체는 왼쪽에 해당하고 용은 오른쪽에 해당한다. 범 종루에 있는 범종(梵鍾), 목어(木魚), 운판(雲版), 법고(法鼓) 등 사물(四物)은 소리 공 양구이므로 용에 해당하여 부처님을 기준으로 오른쪽에 위치한다.

그림 4-12. 위: 합천 해인사 범종각. 아래: 양산 통도사 범종루. 아래층에 범종, 위층에 법고, 목어, 운판을 놓았다.

범종을 걸어 두는 건물이므로 범종각이라 하지만 이름은 절에 따라 범종루, 범종각, 종루, 종각이라고 하는데 일반적으로 단층일 경우 각(閣)이라 하고(그림 4-12 위) 이층일 경우 루(樓)라고 한다(그림 4-12 아래). 규모가 큰 사찰에서는 이층 누각 형태로 만들어 아래층에 범종, 위층에 법고, 목어, 운판 등 불전 사물(佛殿 四物)을

그림 4-13. 완주 송광사 종루(보물 제1244호) 전경

함께 두고 범종루로 부르기도 한다(그림 4-12 아래). 현존하는 범종각은 대부분 최근에 지은 것이며, 문화재적 가치가 있는 범종각은 몇 개 남아 있지 않다. 가장 아름답고 유명한 범종각으로는 완주 송광사의 종각을 들 수 있다. 영주 부석사의 범종각, 서산 개심사의 범종각 등도 볼만하다.

완주 송광사 종루(보물 제1244호)는 아자형(亞字型) 평면 위에 다포계 팔작지붕을 교차시켜 십자형으로 짜 올린 2층 건물이다(그림 4-13). 설립 연대는 대웅전을 1층으로 고쳐 지은 시기인 순조 14년(1814년) 혹은 철종 8년(1857년)으로 보이며, 현재 보물 제1244호로 지정되어 있다. 종루나 종각은 보통 사각형 건물인 데 비해, 여기서는

126

그림 4-14. 완주 송광사 종루(보물 제1244호) 이층과 지붕 확대

보궁(寶宮)에 즐겨 쓰는 특수한 평면 형식인 아자형을 택하고 있어 주목된다. 위층은 난간을 두르고 계단 있는 쪽만 개방하였으며, 아래층은 흙바닥으로 완전히 개방되어 있다. 종이 걸려 있는 중앙 칸을 중심으로 동·서·남·북에 각각 1칸씩 덧붙여 이루는 모양인데, 지붕 역시 중앙에서 모아지는 화려한 모습을 하고 있다(그림 4-14). 2층 누각 안에는 중앙에 종을 걸고, 사방으로 돌출된 칸에 법고, 목어, 운판을 걸어 기본 불구(佛具)를 다 갖추고 있다. 마루 밑의 기둥들은 원형 기둥과 사각 기둥이 섞여 있으며, 위에 기둥들은 모두 원형 기둥을 세워 놓았다. 조선 시대의 유일한 십자형(十字型) 2층 누각으로 그 가치가 크다(문화재청 자료에서 인용).

그림 4-15. 영주 부석사 범종루

그림 4-16. 영주 부석사 범종루. **왼쪽:** 입구 쪽에서 본 팔작지붕. **오른쪽:** 안양루에서 본 맞배지붕 모습

부석사 범종루는 이층 누각으로 되어 있고(그림 4-15), 입구 쪽에서 보면 팔작지붕이지만(그림 4-16 왼쪽) 반대편 안양루 쪽에서 보면 맞배지붕으로 되어 있어(그림 4-16 오른쪽) 지붕 형태가 다르게 지어진 점이 특이하다. 범종루는 누각식 문으로 아래층은 통로이고, 위 측은 현재 종은 없지만 북과 목어를 걸어 놓은 건물이다.

서산 개심사 범종각은 축대 위에 누각 형태로 지은 건물이다. 특기할 점은 사모지붕을 받치고 있는 네 개의 기둥이 다듬지 않은 휜 재목 그대로 사용한 것이다(그림 4-17). 개심사 들어가는 길이 자연 그대로였던 점, 대웅전 앞의 심검당 기둥과 더불어 인공적 가식 없이 자연친화적 건축이라는 점이 눈에 띈다.

그림 4-17. 서산 개심사 범종각

3 중생 구제와
깨우침의 소리

범종(梵鐘)

불교 의식 때 사용하는 대표적인 범음구(梵音具)로, 범종(梵鐘), 법고(法鼓), 목어(木魚), 운판(雲版)을 불전 사물(佛殿 四物)이라 한다. 부처님의 말씀에 비유하여 경배의 대상으로 삼으며 소리를 듣는 순간 삼계중생이 번뇌에서 벗어날 수 있다고 믿는 신앙적 의미와, 시간 또는 특별한 사건이 있음을 알리는 실용적 의미가 담겨 있다. 이중 불전 사물을 대표하는 것이 범종이다. 범종을 치는 것은 지옥 중생들이 고통에서 벗어나고 불법을 깨우치게 하기 위함이다.

한국의 범종은 주변 국가의 범종과 다른 특징을 갖고 있는데 이를 이해하기 위해서는 범종의 구조와 형태를 이해해야 한다(그림 4-18). 종을 매다는 부분을 용뉴(龍鈕)라고 하며, 종을 달기 위해 장치한 부분을 용두(龍頭)라 한다. 용두 옆에는 종소

음통

용두

상대

유곽

종유

비천상

당좌

하대

그림 4-19.
용두와 음통
(부안 내소사 고려 동종,
보물 제277호)

그림 4-18. 한국 범종의 형태와 구조(국립박물관 천흥사명 청동 범종, 국보 제208호)

리에 크게 영향을 미치는 구멍 뚫린 관인 음통(音筒)이 있는데(그림 4-19) 음통은 한국

범종만이 갖고 있는 특징이다. 종의 머리 부분만 뺀 나머지 부분을 종신(鍾身)이라 하며,

종신의 윗부분을 둘러싼 부분을 상대(上帶) 또는 견대(肩帶)라고 한다. 상대 밑 네 군

데에 배치한 사각의 테두리를 유곽(乳廓)이라 하고, 그 안에 젖꼭지처럼 돌출된 부분을

종유(鍾乳) 또는 유두(乳頭)라고 하는데, 이 역시 종소리의 여운에 영향을 미친다. 유곽 밑에는 악기를 불거나 공양하는 비천상(飛天像)이나 합장한 보살상을 양각해 놓는데, 이것은 시대에 따라 다르다(그림 4-20, 4-21 오른쪽). 종신에는 종을 치는 자리인 당좌(撞座)가 있으며, 대개 연꽃 모양을 하고 있다. 종신 아래쪽을 둘러싼 부분을 하대(下帶)라 하며, 그 안에는 연꽃이나 당초 문양이 들어 있다(그림 4-18).

한국 범종은 '한국의 종'이라는 학명(學名)을 가지고 있을 만큼 독자적인 양식을 갖고 있다. 우리나라 범종만이 가지는 특징으로는 ①종의 상부에 용두와 음통이 있고, ②네 개의 유곽 안에 유두가 각각 9개씩 총 36개의 유두가 정연하게 배열되어 있고, ③종신에 공양 또는 악기를 연주하는 비천상이 배치되고 당좌가 대칭적으로 배치된다는 점이다(허균, 『사찰 100미 100선』, 불교신문사, 2007, 133쪽).

현존하는 우리나라 범종 중 종소리와 조형미가 뛰어난 종으로는 평창 상원사 동종(국보 제36호)과 성덕대왕신종(국보 제29호)이 있다. 그리고 고려 시대의 화성 용주사 동종(국보 제120호), 조선 시대 전기의 남양주 봉선사 동종(보물 제397호), 양양 낙산사 동종을 비롯해서 합천 해인사 동종(보물 제1253호), 또 후기의 김천 직지사 순치 15년명 동종, 양산 통도사의 강희 25년명 동종, 동래 범어사 옹정 6년명 동종 등이 그 뒤를 잇고 있다.

평창 상원사 동종(국보 제36호)은 현존하는 우리나라 종 중에서 가장 오래되고 아름다우며 고유한 특색을 갖추고 있어 한국 종의 모본이 된다. 이 종은 신라 성덕왕(聖德王) 24년(725년)에 조성되어 조선 예종(睿宗) 원년(1469년)에 상원사에 옮겨진 것으로, 한국 종의 고유한 특색을 모두 갖추고 있는 대표적인 범종이다. 경주 성덕대왕신종(국보 제29호)과 더불어 우리나라에 남아 있는 완전한 형태의 통일신라 시대 범종 3구 중 하나이며, 크기는 높이 167cm, 지름 91cm이다(그림 4-20).

그림 4-21. 평창 상원사 동종(국보 제36호). **왼쪽:** 용두와 음통. **오른쪽:** 비천상

　　　　이 종의 맨 위에는 큰 머리에 굳센 발톱의 용이 고리를 이루고 있고, 소리의 울림을 도와주는 음통(音筒)이 연꽃과 덩굴무늬로 장식되어 있다(그림 4-21 왼쪽). 네 곳의 유곽 안에는 연꽃 모양의 유두를 9개씩 두었다. 그 밑으로 마주보는 2곳에 구름 위에서 무릎 꿇고 하늘을 날며 악기를 연주하는 비천상(飛天像)을 새겼다. 특히 비천상은 경쾌하기 이를 데 없는 모습으로 구름 위에서 천의(天衣) 자락을 흩날리며 공후(箜篌)와 생(笙)을 연주하고 있는데, 볼록한 두 뺨, 유연한 신체에 걸친 천의 등은 8세기 전반의 이상적 사실 풍의 불교조각 양식을 잘 반영해 주고 있다(그림 4-21 오른쪽). 비천상 사이에는 종을 치는 부분인 당좌(撞座)를 구슬과 연꽃무늬로 장식하였다(문화재청 자료에서 인용).

　　　　경주 성덕대왕신종(국보 제29호)은 우리나라에 남아 있는 가장 큰 종으로 높이 3.75m, 지름 2.27m, 두께 11~25cm이며, 무게는 1997년 국립경주박물관에서 정밀 실측한 결과 18.9톤으로 확인되었다(그림 4-22).

　　　　통일신라 경덕왕이 아버지 성덕왕의 공덕을 널리 알리기 위해 종을 만들려 했으나 뜻을 이루지 못하고, 그 뒤를 이어 혜공왕이 771년에 완성하여 성덕대왕신종이라고 불렀다. 이 종은 처음에 봉덕사에 달았다고 해서 '봉덕사종'이라고도 하며, 아기

그림 4-23.
성덕대왕신종(국보 제29호)의
용뉴(용두와 음통) 및
상대

그림 4-22. 경주 성덕대왕신종(국보 제29호)

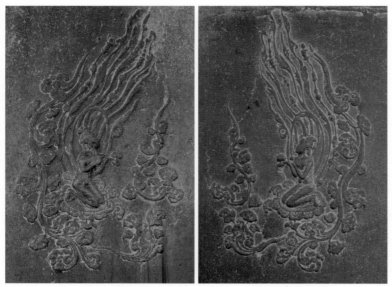

그림 4-24. 성덕대왕신종. 무릎을 꿇은 채 날아 내려오며 공양물을 받치는 공양천인상

를 시주하여 넣었다는 전설로 아기의 울음소리를 본떠 '에밀레종'이라고도 한다.

　　　　종을 매다는 고리 역할을 하는 용뉴는 용머리 모양으로 조각되어 있다(그림 4-23). 종 몸체에는 상하에 넓은 띠를 둘러 그 안에 꽃무늬를 새겨 넣었고, 종의 어깨 밑으로는 네 곳에 연꽃 모양으로 돌출된 9개의 유두를 사각형의 유곽이 둘러싸고 있다(그림 4-22). 유곽 아래로 2쌍의 비천상이 있다. 이 비천상은 다른 종의 비천상이 대부분 악기를 연주하는 주악비천상(그림 4-21 오른쪽)인 데 비해 무릎을 꿇은 채 날아 내려오며 공양물을 받치는 공양천인상(그림 4-24)이 조각되어 있어 특이하다. 그 사이에는 종을 치는 부분인 당좌가 연꽃 모양으로 마련되어 있으며, 몸체 2곳에는 종에 대한 내력이 새겨져 있다. 특히 종 입구 부분이 마름모의 모서리처럼 특이한 형태를 하고 있어 이 종의 특징이 되고 있다(그림 4-22).

그림 4-25. **왼쪽:** 경주 불국사 범영루의 귀부형 법고대와 법고. **오른쪽:** 창녕 관룡사 법고 및 사자형 법고대

법고(法鼓)

법고는 지상의 모든 축생을 제도하는 상징적 용구이다. 법고는 예기(禮器)의 일종이므로 아무렇게나 버려두지 않고 법고대를 만들어 정중하게 모신다. 현존하는 조선 시대의 법고대를 보면 대좌를 귀부(龜趺), 해치(獬豸), 사자(獅子) 등 동물 형태로 조각해 놓은 것이 있는데, 경주 불국사 범영루의 법고대(귀부형, 그림 4-25 왼쪽), 호암 미술관 소장 법고(사자형), 국립중앙박물관 소장 법고대(해치형), 여수 흥국사 법고(사자형), 창녕 관룡사 법고(사자형, 그림 4-25 오른쪽), 안동 봉정사 법고(그림 4-26 왼쪽), 예산 수덕사 법고(그림 4-26 오른쪽) 등이 대표적이다(허균, 『사찰 100미 100선』, 불교신문사, 2007, 138쪽).

그림 4-26. **왼쪽:** 안동 봉정사 법고와 법고대.
오른쪽: 예산 수덕사 법고

138

그림 4-27. 어형 목어. **위:** 영천 은해사 목어. **왼쪽 아래:** 장흥 보림사 목어. **오른쪽 아래:** 청양 장곡사 목어

목어(木魚)

물고기 모양의 목어는 수생 동물을 위해서 아침, 저녁 예불 시간에 치고 있지만 치는 순서는 아침과 저녁이 서로 다르다. 아침에는 목어를 먼저 치고, 저녁에는 운판을 먼저 친다. 이는 동(東)-목(木), 서(西)-금(金)이라는 오행의 원리를 따른 것으로 한국 사찰 의례의 독특한 일면이다.

오늘날 우리나라 사찰에서 보는 목어는 배 부분이 깊이 파인 어형(魚形)과 용두어신형(龍頭魚身形)의 두 가지이다. 목어를 칠 때는 두 개의 나무막대기로 깊이

그림 4-28. 용두어신형 목어(龍頭魚身形 木魚). 왼쪽 위: 파주 보광사 만세루 안 목어. 오른쪽 위: 여주 신륵사 목어.
왼쪽 아래: 경주 불국사 좌경루 안 목어. 오른쪽 아래: 완주 화암사 우화루 안 목어

그림 4-29. 운판. 왼쪽 위: 경주 불국사 운판. 오른쪽 위: 여주 신륵사 운판.
왼쪽 아래: 예산 수덕사 운판. 오른쪽 아래: 청양 장곡사 운판

파낸 공간 안에 배의 양 벽을 교대로 쳐서 소리를 낸다. 물고기 모양으로 된 목어 중 제작 연대가 확실한 것은 화성 용주사 천보루에 있는 목어로 영조 14년(1790년)에 제작된 것으로 알려졌다. 물고기 형의 목어는 통도사, 동화사 등 다수의 절에서 찾아 볼 수 있다. 이들은 몸체의 길이가 길고 뿔이 없으며 전체적인 모양은 거대한 망둥이를 닮은 특징이다(그림 4-27).

용두어신형 목어는 경주 불국사, 곡성 태안사, 문수사, 파주 보광사, 완주 송광사, 여주 신륵사 등에서 볼 수 있다. 정수리에 뿔이 나있고, 입가에 긴 수염이 있으며, 날카로운 송곳니가 강조된 입에 여의주가 물려 있는 것이 특징이다(그림 4-28).

운판(雲版)

구름 모양의 운판은 날짐승을 위해 친다. 운판은 청동 또는 철제 평판으로 만들어졌고, 구름처럼 생겼기 때문에 운판이라 한다. 운판에 시문되는 문양은 구름, 해와 달, 비천, 범어(梵語) 등이 있는데, 때론 이들이 복합적으로 장식되기도 한다(그림 4-29).

5장

법당 밖을 장식하는 요소들

1 　 법당 앞마당(중정)

누각 형태로 지어진 강당을 지나 법당 앞마당에 들어오면 엄숙함이 느껴진다. 이런 엄숙함은 어디서 오는 것일까? 부처님의 세계에 들어왔다는 사실만으로도 참배객의 마음에는 엄숙함이 스며들겠지만 법당 앞 중정을 구성하고 있는 건물의 배치도 큰 역할을 한다. 한국 건축, 특히 사찰 건축의 특징은 자연과의 어우러짐과 인간의 신체 구조와의 조화를 들 수 있다. 이는 법당 앞 중정에서 잘 나타난다. 우선 중정을 구성하는 건물 4동이 붙어 있지 않고 적당한 각도를 유지하며 열려 있다(그림 5-1, 5-2).

그림 5-1. 합천 해인사 대적광전 앞마당(중정). 대적광전(사진 오른쪽)에서 바라본 중정, 대적광전 정면에 구광루가 보이고 좌우에 요사채(승려들이 거처하는 집)가 있다.

그림 5-2. 공주 갑사 대웅전(충남 유형문화재 제105호) 앞 중정. 정면 대웅전을 바라보며 왼쪽에 진해당, 오른쪽에 적묵당이 20~25도 정도 벌어져 있다.

그림 5-3. **왼쪽:** 대구 파계사 원통전 앞 중정. **오른쪽:** 서산 개심사 대웅전 앞 중정

　　　　　강당에서 바라볼 때 정면에 대웅전이나 대적광전 같은 주 불전이 마당보다는 약간 높게, 고개를 15~20도 정도 들고 보도록 단을 쌓고 그 위에 위치한다. 이는 목근육의 긴장을 가장 적게 하면서 부처님을 경배하는 마음이 들도록 한 배려이다. 중요한 점은 강당에서 주 불전까지의 거리가 약 20여 미터라는 점이다. 이 거리는 육성으로 대화가 가능하며, 육안으로 상대방의 표정을 읽을 수 있는 가장 자연스러운 거리이다. 마당 폭과 건물 높이 사이의 비례가 2.5 정도일 때 사람은 중정으로부터 가장 편안한 폐쇄감을 느낀다고 한다(그림 5-3). 편안한 폐쇄감이란 건물이 네 면을 둘러싸면서 자신을 보호하고 있다는 느낌을 가지면서도 이것이 답답함으로 느껴지지 않는 경우를 말한다. 강당 좌우로 선방이나 요사채가 한 동씩 있는데, 주 법당과 사이가 20~25도 정도로 벌어져 있다(그림 5-2). 이는 중정이 폐쇄되지 않고 개방되데, 안정감을 느낄 수 있는 각도라고 생각된다. 따라서 중정에 들어서면 안정된 마음, 부처에 대한 경이로움이 배어나지만 답답하진 않다(임석재,『우리 옛 건축과 서양 건축의 만남』, 대원사, 1999, 168~170쪽).

그림 5-4. **왼쪽:** 여수 흥국사 대웅전 앞 중정. **오른쪽:** 완주 화암사 극락전 앞 중정

일주문에 이어 금강문, 천왕문 그리고 불이문을 지나 누각으로 된 강당 밑으로(또는 옆 문으로) 올라오면 주 불전인 대웅전(또는 대적광전 등)이 보이는데 대부분의 불자들은 합장을 한 후 즉각 법당 안으로 들어가 부처님을 참배하게 된다. 강당 앞에서 법당에 계신 부처님께 합장한 후 한번쯤 호흡을 가다듬고 앞마당과 옆 건물을 살펴보고 법당 뒤의 산도 바라보는 여유를 가져 보자. 그 전에는 느끼지 못했던 법열을 경험할 수 있다. 이 맛에 사찰을 참배하는 것이 아닐까?

사찰을 건립한 위치, 주변 환경에 따라 다양하게 나타나기는 하지만 우리나라 대부분의 사찰의 중정은 앞에서 설명한 원칙을 따르고 있다. 이런 중정을 가장 잘 나타내는 절로는 대구 파계사 원통전 앞 중정(그림 5-3 왼쪽), 서산 개심사 대웅전 앞 중정(그림 5-3 오른쪽), 공주 갑사 대웅전 앞 중정(그림 5-2), 여수 흥국사 대웅전 앞 중정(그림 5-4 왼쪽), 완주 화암사 극락전 앞 중정(그림 5-4 오른쪽), 청양 장곡사 하대웅전 앞 중정 등을 꼽을 수 있다.

앞에서 설명한 것처럼 휴먼스케일에 맞는, 사람을 편안하게 해주는 공간으로써의 마당 개념과는 다르지만 한국 건축이 이룬 최고의 공간적 성취로 건축가들은 안동 봉정사 영산암의 응진전 앞마당을 꼽는다(그림 5-5). 김봉렬 교수의 설명을 옮기면 다음과 같다(김봉렬,『가보고 싶은 곳 머물고 싶은 곳』, 안그라픽스, 2000, 183~184쪽).

"영산암의 마당은 아래 위의 크고 작은 마당으로 이루어져 있다. 두 마당은 세 단 정도의 계단으로 나누어져 있다. 하지만 그 계단의 공간 분할 기능은 극히 미미한 수준이어서 두 마당을 분명하게 갈라놓지는 않는다. 얼핏 보면 붙은 것도 분리된 것도 아닌, 어정쩡하고 애매한 마당으로 보이기도 한다. 그러나 영산암의 마당은 분리와 통합을 동시에 획득하고 있다. 그것도 대단한 건축적 고려나 정교한 구조물에 의해서가 아니라 한 그루 소나무를 통해서.

영산암의 두 마당 사이에는 바위가 하나 놓여 있고 바위 사이에는 잘생긴 소나무 한 그루가 있다. 그런데 이 소나무를 볼 때 그 형태를 감상하기보다는 그것이 만들어내는 그림자에 주목해야 한다. 이 그림자는 아래의 큰 마당과 위의 작은 마당이 연결된 부분에 절묘한 그늘을 만들고, 그 그늘은 두 마당이 분리된 것처럼 보이게 만들며 각 마당에 독립성을 부여한다. 그러나 그림자는 어디까지나 허상이다. 따라서 두 마당은 관념적으로만 분리되며 실제로는 항상 하나로 통합되어 있다. 이처럼 분리와 통합, 실상과 허상을 동시에 획득하는 장치가 작은 소나무 한 그루라니, 놀랍지 않은가!"

그림 5-5. 안동 봉정사 영산암. 우화루에서 본 응진전 앞 중정

2 　법당으로 오르는
　　계단과 소맷돌

　　　　우리나라 사찰은 대부분 산지에 있어 일주문에서 법당 앞마당에 이르기까지 여러 계단을 거쳐야 하고, 앞마당에서 법당을 오르는 데도 계단을 거쳐야 한다. 계단 중에서 가장 중요한 것은 법당 앞 계단이다.

　　　　계단은 법당으로 진입하는 통로이므로 벽사(辟邪)와 외호(外護) 기능을 가진 사자, 용, 귀면 등을 배치한 경우가 많다. 사자나 용은 주로 환조(丸彫) 형태로 계단 입구에 배치되거나 소맷돌(돌계단의 난간) 앞쪽에 조각되고 귀면은 대개 소맷돌 측면에 조각된다. 그리고 불전을 천상의 누각으로 상징화하기 위한 방법으로 계단 소맷돌에 구름 문양을 새겨 놓은 경우도 있다. 구름 문양은 운두(雲頭)와 운미(雲尾)를 가진 정형화된 형태를 보이고 있다. 이 모든 장식들은 돌에 새겨지거나 돌로 만들어져서 화려한 시각 효과는 없지만 상징적인 의미에서 보면 다른 화려한 장식들과 다를 것이 없다.

사자상

계단에 사자를 배치한 대표적인 예로 부산 범어사 대웅전 계단(그림 5-6), 해남 대흥사 대웅보전 계단(그림 5-7), 김천 직지사 청풍료 계단(그림 5-8)을 들 수 있다. 범어사의 경우 대웅전 앞에 3차선 18층계의 돌계단이 설치되어 있고, 그 중앙 계단의 첫 층계 양쪽에 사자상이 배치되어 있다(그림 5-6). 두 앞발과 머리 부분만 표현된 이 사자상은 굵은 뜨개실을 꼬아 붙인 것 같은 눈썹과 갈기, 송곳니가 드러난 큰 입, 그리고 아래로 처진 귀가 특징이다(그림 5-6 아래 확대 사진). 이 사자상은 신격화한 당사자(唐獅子), 또는 산예(狻猊)를 뜻한다. 당사자의 도상적 특징은 나선형으로 끝이 말린 갈기, 깊이 파인 눈, 큰 입, 개의 귀를 닮은 귀 그리고 목걸이와 흉식(胸飾)을 갖추고 있다는 점이다(허균,『사찰 장식의 선과 미』, 다할미디어, 2008, 13쪽). 이 한 쌍의 사자는 머리를 안쪽으로 약간 틀고 있는데, 이런 자세는 그 공간 속에 있는 존재에 대한 존경과 수호의 뜻을 나타내는 표현이다(그림 5-6 위).

해남 대흥사 대웅보전 앞에 9개 층으로 된 계단이 있는데, 입구 좌우에 사자상이 있다(그림 5-7 위). 털실을 붙여 놓은 것 같은 큰 눈썹, 왕방울 눈, 주먹코, 넓고 처진 귀가 특징인 이 사자상은 전체적인 모습은 범어사 사자상과 비슷하지만 세부적인 모습에는 차이가 있다. 입을 다물고 있는 점, 목 부분의 영락 장식이 강조된 점이 다르다(그림 5-7 아래). 귀의 모양으로 보아 이 사자상 역시 당사자이다.

그림 5-6. 부산 범어사 대웅전 앞 계단의 사자와 확대 사진(아래쪽 사진).
머리를 안쪽으로 틀고 있는 것이 특징이다.

그림 5-7. **위**: 해남 대흥사 대웅보전 계단과 소맷돌.
왼쪽 아래: 대웅보전을 향해서 왼쪽 소맷돌. **오른쪽 아래**: 대웅보전을 향해서 오른쪽 소맷돌

그림 5-8. 김천 직지사 청풍료 계단 소맷돌

그림 5-9. 여수 흥국사 대웅전 계단(위쪽 사진)과 확대한 소맷돌 용두(아래쪽 사진)

용두(龍頭)

　　계단 초입에 용두를 설치한 대표적인 예로는 여수 흥국사 대웅전 계단, 예천 용문사 대장전 계단, 신흥사 극락보전 계단, 김천 직지사 대웅전 계단 등을 들 수 있다.

　　여수 흥국사 대웅전 앞 돌계단 양쪽에 네 마리의 용이 조각되어 있는데, 이 용들은 앞으로 나아가는 자세를 취하고 있고, 세 마리는 여의주를 물고 있다(그림

그림 5-10. **위**: 속초 신흥사 극락보전 계단 소맷돌 용두. **왼쪽 아래**: 용두 정면. **오른쪽 아래**: 용두 측면

5-9). 속초 신흥사 극락보전 계단의 용은 뿔과 눈썹, 수염, 이빨의 표현이 아주 사실적이
다(그림 5-10). 이 계단의 소맷돌에는 용 이외에도 삼태극, 귀면과 구름 모양이 여러 개
의 안상과 함께 새겨져 있는데(그림 5-11), 하나의 소맷돌에 여러 종류의 문양이 나타나
는 예는 신흥사 극락보전뿐이다. 이외에도 김천 직지사 대웅전 계단(그림 5-12), 청도 대
적사 극락전 계단의 소맷돌에도 용이 새겨져 있다.

그림 5-11. 속초 신흥사 극락보전 계단 소맷돌.
삼태극, 귀면, 구름 문양이 여러 개의 안상과 함께 조각되어 있다.

그림 5-12. **위:** 김천 직지사 대웅전 계단 소맷돌 전면.
왼쪽 아래: 대웅전을 향해서 오른쪽 외측면. **오른쪽 아래:** 대웅전을 향해서 왼쪽 내측면

그림 5-13. 안성 칠장사 대웅전 계단 소맷돌 구름 문양

기타 문양

법당 앞 계단에는 사자상이나 용두 이외에도 여러 가지 문양, 특히 구름 문양과 태극 문양들이 많이 나타나는데, 양주 회암사지 계단과 양평 용문사 대웅전 앞마당 계단, 안성 칠장사 대웅전 계단 등이 훌륭하다. 구름 문양에는 점운(點雲), 비운(飛雲), 유운(流雲), 용운(聳雲, 입체상으로 생동감이 있게 솟아오르는 뭉게구름을 묘사한 것), 십자운(十字雲) 등 여러 종류가 있다. 구름은 대체로 오금나선형(고팽이)이 한데 엉킨 상태로 되어 있는데, 뭉친 부분을 운두(雲頭)라 하며 날개의 꼬리 부분을 운미(雲尾)라고 한다. 안성 칠장사 대웅전 소맷돌에는 구름 모양을 단독으로 만들어 놓았는데, 5두 5미의 유운이 매우 세련되게 조각되었다(그림 5-13).

양산 통도사의 대웅전 계단은 아름답고 우아한 연꽃 장식으로 유명하다. 동쪽 계단에는 꽃잎이 잎과 함께 새겨져 있는데, 만개한 꽃은 변형된 연꽃으로 보이며 만개한 꽃은 연꽃 측면에서 묘사한 것이 확실하다. 만개한 연꽃의 줄기는 꽃을 한 바퀴 돌아 소맷돌 상부로 이어지며 소맷돌의 외곽선을 형성한다. 만개한 연꽃은 땅에 뿌리박은 줄기가 꽃을 원형으로 둘러싼 모습인데, 잎의 생김새로 봐서 연당초 문양을 한 것으

그림 5-14. 양산 통도사 대웅전 계단 소맷돌. **왼쪽**: 동쪽 계단 소맷돌. **오른쪽**: 남쪽 계단 소맷돌

그림 5-15. **왼쪽**: 보은 법주사 대웅전 계단 소맷돌의 연화문. **오른쪽**: 완주 송광사 대웅전 계단 소맷돌 거북이상

로 생각된다(그림 5-14 왼쪽). 남쪽 계단 역시 연꽃을 소재로 하고 있는데 동쪽 계단과 달리 동쪽 계단에는 없는 연꽃 봉오리를 묘사하였고 만개한 연꽃에는 줄기가 없다(그림 5-14 오른쪽)(허균, 『사찰장식의 선과 미』, 다할미디어, 2009, 19쪽).

　　　　이 외에도 보은 법주사 대웅전의 연화문(그림 5-15 왼쪽), 완주 송광사 대웅 전 계단 좌우의 석조 거북이상(그림 5-15 오른쪽), 영암 도갑사 해탈문 계단의 와문(그림 5-16), 화성 용주사 대웅보전 계단의 북 모양 돌에 새겨진 연환문(그림 5-17) 등이 있다.

그림 5-16. 영암 도갑사 해탈문 계단 소맷돌의 와문

그림 5-17. **왼쪽**: 화성 용주사 대웅전 계단 소맷돌 측면.
오른쪽: 화성 용주사 대웅전 계단 소맷돌 정면. 북 모양 돌에 새겨진 연환문

3   축대, 기단

축대는 법당 건물 기단의 바깥 둘레에 돌로 쌓은 대를 가리킨다. 규모가 작은 절에서는 막돌 쌓기로 기단을 마련하지만 큰 사찰에서는 잘 다듬어진 장대석이나 넓은 판석으로 기단을 만든다. 기단은 법당 건물의 격을 높이기도 하고, 장식 문양을 통해서 건물의 상징성을 강조하기도 한다. 한국 사찰 건축의 축대나 기단은 돌로 쌓는데, 비정형성에 매력이 있다. 돌은 가능하면 인공적 가공을 피해 캐낼 때의 자연 상태를 그대로 유지하는 막돌 쌓기로 하거나(그림 5-18 위), 다듬을 필요가 있는 경우에는 쌓기를 불규칙하게 한다(그림 5-18 아래). 쌓기를 규칙적으로 해야 하는 경우에는 돌의 모양과 크기 및 쌓는 방법을 다양화하여 변화를 준다.

임석재 교수는 우리나라 사찰 건축의 기단에서 돌 쌓기의 비정형성을 가장 잘 보여주는 예로 공주 갑사 대웅전의 기단을 들고 있다(그림 5-19). 임 교수의 표현을 빌리면 다음과 같다(임석재, 『우리 옛 건축과 서양 건축의 만남』, 대원사, 1999, 94~95쪽).

그림 5-18. **왼쪽 위:** 강진 무위사 극락전 기단. **오른쪽 위:** 봉화 청량사 유리보전 기단.
왼쪽 아래: 예산 수덕사 대웅전 기단. **오른쪽 아래:** 보은 법주사 팔상전 기단

"갑사 대웅전 기단의 돌 쌓은 모습을 자세히 들여다보면 길이가 3미터 정도 되는 큰 돌부터 주먹만한 작은 돌까지 크고 작은 여러 모양의 돌들이 극도의 불규칙적인 방식으로 쌓여져 있다. 모양과 크기가 어느 것 하나 같은 것이 없으며 돌을 쌓은 줄도 가지런히 일직선으로 나 있는 곳이 한 군데도 없다. 큰 돌 사이사이에는 틈이 나 있으며 이 틈은 조막돌로 성의껏 채워져 있다. 이러한 돌 쌓는 모습으로부터 마치 삼라만상을 축약해 놓은 듯한 다양함과 변화의 멋을 느낄 수 있다. 그러나 갑사 대웅전 기단의 다양함과 변화는 결코 혼란으로 흐르지 않는다. 소박하고 엉성한 것처럼 보이는 갑사 대

그림 5-19. 공주 갑사 대웅전 기단 전경(2006년 12월 1일 촬영)

웅전 기단으로부터 범할 수 없는 짜임새를 느낄 수 있으며 한국 전통 건축의 또 다른 멋한 가지를 알게 되는 것이다."

그런데 안타깝게도 근래에 새로 수리하면서 예전의 그 자연스러우면서도 정갈했던 기단 모습은 온데간데없어지고 볼품없이 땜질해 놓은 이상한 모습으로 변했다 (그림 5-20). 그 사이 무슨 일이 있었는지 알 길이 없으나 수리가 필요했더라도 예전 모습을 복원하는 방법으로 했었어야 하지 않나 생각된다. 무분별하게 옛 것이 손상되는 것이 너무 아쉽다.

그림 5-20. 공주 갑사 대웅전 기단 비교.
위: 2006년 12월 1일 촬영. **아래:** 2017년 6월 23일 촬영

그림 5-21. 위: 양산 통도사 대웅전 남측 축대의 길상화 전체 모습. 아래: 축대 각 판석에 새겨진 길상화 확대 모습

그림 5-22. 여수 흥국사 대웅전 기단. 판석에 게가 조각되어 있다.

법당의 상징적 의미를 강조하기 위해 기단 면석이나 축대 위에 꽃이나 동물 또는 물고기들을 조각하기도 한다. 대표적인 예로 대웅전 기단 면석에 꽃을 조각해 놓은 양산 통도사 대웅전을 들 수 있다. 축대는 여러 장의 판석으로 이루어져 있는데, 각 판석에는 커다란 꽃이 양각되어 있다(그림 5-21). 꽃으로 장식된 축대는 대웅전을 꽃 위의 불전으로 승화시키는 기능을 한다(허균, 『사찰 장식의 선과 미』, 다할미디어, 2008).

다른 몇몇 사찰에서는 꽃이 아닌 바다 동물들이 새겨져 있다. 여수 흥국사의 경우 대웅전 기단 위 양쪽 모서리에 자라와 토끼가 대칭적으로 배치되어 있으나 마모가 심해 알아보기가 어렵다. 기단 전면 장대석에는 제법 큰 게 한 마리가 새겨져 있는데, 그 표현이 사실적이어서 생동감이 느껴진다(그림 5-22).

4 법당의
꽃창살문

      궁궐이나 민가의 문이 단아하고 정제된 모습을 보여주는 데 비해 사찰의 법당 문은 아주 화려하게 장식되어 있다. 한국 사찰의 법당 문은 빗꽃살문, 솟을빗살문, 솟을빗꽃살문이 대부분이지만 간혹 띠살문과 격자문도 눈에 띈다. 이 중에서 화려하고 섬세함을 자랑하는 것이 꽃살문이고, 그 가운데서도 솟을빗꽃살문은 장식 문호의 백미로 꼽힌다.

      띠살문은 수십 개의 장살(수직 살대)을 좁은 간격으로 내리고 다시 여러 개의 동살(수평 살대)을 상중하로 교차시킨 모양이다. 안동 봉정사 화엄강단의 4분합문(그림 5-23 왼쪽), 공주 마곡사 대웅보전 등 몇 개의 사례가 남아 있다. 격자문은 장살과 동살을 직각으로 촘촘히 교차시켜 짜 맞춘 문으로 한자의 우물 정(井) 자와 비슷하여 정자문(井字門)이라고도 한다(그림 5-23 오른쪽). 안동 봉정사 대웅전, 영천 은해사 백흥암 극락전, 마곡사 대웅보전 2분합문에서 볼 수 있다. 빗살문은 살대를 45도 135도로

그림 5-23. 띠살문(왼쪽 사진, 안동 봉정사 화엄강단)과 격자문(오른쪽 사진, 영주 부석사 무량수전)

그림 5-24. 빗살문(왼쪽 사진, 예산 수덕사 대웅전)과 솟을빗살문(오른쪽 사진, 강진 무위사 극락보전)

빗대어 교차시켜 짠 문으로 격자문을 45도 기울인 것과 비슷하다. 예산 수덕사 대웅전이 대표적이다(그림 5-24 왼쪽). 빗살문에 수직의 창살을 첨가한 것이 솟을빗살문이며(그림 5-24 오른쪽), 각 문살의 교차점마다 여러 가지 형태의 꽃이나 장식을 추가하여 장식성을 높인 것을 빗꽃살문(그림 5-25 왼쪽), 솟을빗꽃살문(그림 5-25 오른쪽)이라고 한다.

그림 5-25. 빗꽃살문(왼쪽 사진, 부안 내소사 대웅보전)과 솟을빗꽃살문(오른쪽 사진, 양산 통도사)

　　빗꽃살문이나 솟을빗꽃살문에 나타나는 꽃으로는 주로 연꽃, 모란, 국화, 주화(朱花)가 주종을 이루며, 대개 6장의 꽃잎으로 돼 있지만 4장 또는 해바라기, 백일홍과 같이 많은 꽃잎을 가진 것도 있다. 현존하는 꽃살문 중 아름다운 것으로는 부안 내소사 대웅보전 꽃살문, 양산 통도사 대웅전 꽃살문, 속초 신흥사 극락보전 꽃살문, 논산 쌍계사 대웅전 꽃살문 등이다. 통판에 투조(透彫)한 꽃문양으로는 예천 용문사 대장전 윤장대의 연지수금(蓮池獸禽) 꽃살문, 강화 정수사 대웅전 꽃살문, 영주 성혈사 나한전 꽃살문 등을 들 수 있다. 이 중 최고의 걸작은 16세기경에 만들어진 부안 내소사 대웅전의 꽃살문이다. 현재는 단청이 퇴색되어 화려함을 잃었지만 문양의 다양한 변화와 조화, 그리고 뛰어난 조각 솜씨가 돋보인다(허균,『사찰 장식의 선과 미』, 다할미디어, 2008, 59~61쪽).

그림 5-26. **왼쪽:** 부안 내소사 대웅보전 솟을빗꽃살문. **오른쪽:** 부안 내소사 대웅보전 빗모란연꽃살문

부안 내소사 대웅보전의 꽃살문은 8짝의 문으로 되어 있는데, 단청은 퇴색하였지만 문양의 다양한 변화와 조화가 일품이다. 솟을연꽃살문, 빗국화꽃살문(그림 5-25 왼쪽), 솟을모란꽃살문(그림 5-26 왼쪽), 빗모란연꽃살문(그림 5-26 오른쪽)으로 구성되어 있다. 법당을 향해서 볼 때 우측 3번째와 6번째 문은 창살의 교차점마다 꽃과 봉오리가 조각되어 있는데, 특이한 점은 봉오리는 아래쪽에 만개한 꽃은 위쪽에 배치되어 있다(그림 5-26 오른쪽). 이는 시간이 경과함에 따라 꽃봉오리가 활짝 피는 것과 같이 수행이 깊어가면서 해탈하는 것을 상징한 것으로도 생각된다.

그림 5-27. 논산 쌍계사 대웅전 꽃살문

그림 5-28. 논산 쌍계사 대웅전 가운데 중앙(어칸) 솟을빗꽃살문의 주화

논산 쌍계사 대웅전 역시 아름다운 창살무늬로 유명하다. 두 종류의 문이 설치되어 있는데, 가운데 중앙(어칸) 문은 솟을빗살문이고, 그 양쪽의 문은 빗살문이다 (그림 5-27). 솟을빗살문에는 주화와 유사한 꽃이 조각되어 있고(그림 5-28), 빗살문에는 파련화(波蓮花, 연꽃잎의 한 쪽이 나선형으로 꼬부라져 감긴 듯하게 된 꽃무늬; 그림 5-29 오른쪽 위), 국화꽃(그림 5-29 왼쪽 위), 모란꽃 봉오리(그림 5-29 왼쪽 아래) 등이 다양한 색깔로 표현되어 있다. 가까이서 보면 꽃의 모양과 채색이 화려하나 멀리서 보면 담담하고 아늑한 느낌이 드는 것은 꽃의 크기가 작고 문살이 촘촘하게 짜졌기 때문일 것이다(그림 5-27)(허균, 『사찰장식의 선과 미』, 다할미디어, 2008, 62쪽).

그림 5-29. 논산 쌍계사 대웅전 빗국화꽃살문(왼쪽 위), 빗꽃살문의 연봉과 파련(오른쪽 위),
빗모란꽃살문(왼쪽 아래), 빗꽃살문(오른쪽 아래)

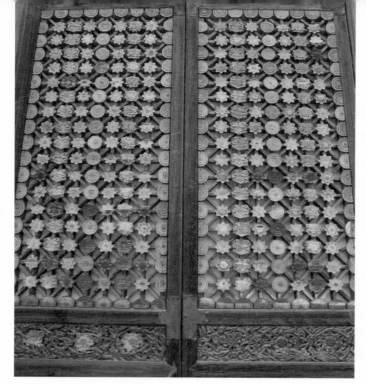

그림 5-30. 양산 통도사 대웅전 꽃창살

　　양산 통도사 대웅전 동쪽 문은 뛰어난 공예미로 유명하다. 격자문과 빗살
문을 겹쳐 놓은 형식으로 교차점마다 꽃을 장식하였다(그림 5-30). 꽃은 연꽃, 국화 그
리고 개념적인 꽃으로 되어 있는데 국화꽃을 새긴 중앙의 수직 장살을 기준으로 좌우에
대칭적으로 배치하고 문살 전체를 국화꽃으로 둘러쌌다. 각 문의 궁창에 새겨진 연화당
초 문양 역시 세련된 조각 솜씨를 보인다(그림 5-30 사진의 아래 부분).

　　통도사 꽃살문이 세련미를 보여준다면 속초 신흥사 극락보전의 꽃살문은
소박한 민화적 순정미를 함축하고 있다. 법당 왼쪽 출입구 꽃살문은 4장의 푸른 잎이 받
쳐 주는 꽃문양을 빗살 위에 사방 연속으로 배치해 놓았다(그림 5-31). 꽃의 종류는 만
개한 연꽃, 연꽃 봉오리, 국화, 백일홍 등이 있고, 꽃과 잎사귀 위에 올라앉은 물고기, 새,
나비, 거북이 모습이 보인다(그림 5-32). 표현이 완벽하지는 않지만 그렇다고 해서 크게

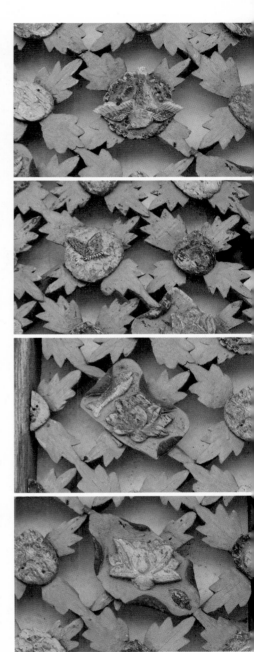

그림 5-31. 속초 신흥사 극락보전 빗꽃살문

그림 5-32. 속초 신흥사 극락보전 빗꽃살문.
위에서부터: 새, 나비, 물고기, 연꽃과 거북이

그림 5-33. 예천 용문사 대장전 윤장대.
왼쪽: 전체 모습. **가운데:** 투각 연어문으로 연꽃과 물고기를 새겼다. **오른쪽:** 국화꽃으로 만든 솟을빗꽃살문

흠잡을 데도 없는 동식물 표현에서 자연에 대한 서민의 정서를 느낀다(허균, 『사찰장식의 선과 미』, 다할미디어, 2008, 62쪽).

예천 용문사 대장전 안에 있는 윤장대는 8개의 창을 가진 구조로 되어 있는데, 네 개의 문은 꽃살창으로 되어 있고, 나머지는 빗살문창살로 되어 있다(그림 5-33 왼쪽). 꽃살창은 꽃새김을 한 살을 60도 각도로 교차시키고 그 교차점에 수직살을 댄 솟을빗꽃살문 형태(그림 5-33 오른쪽)와 통판 투조 기법으로 연꽃과 물고기를 새긴 것(그림 5-33 가운데) 등 두 가지 종류가 있다.

법당 출입문짝 전체가 통판 투조 형식으로 된 것으로 강화 정수사 대웅전 꽃살문이 유명하다. 정수사 꽃살문은 판장에 화병과 꽃을 그려 통째로 투각한 것을 문짝 중심에 붙여 놓는 방식을 취했다(그림 5-34).

정수사 꽃살문과는 다른 내용을 담고 있지만 같은 투각 기법을 사용하고 있는 예로 영주 성혈사 나한전을 들 수 있다(그림 5-35). 구성 내용면에서는 정수사 꽃

그림 5-34. 강화 정수사 대웅보전(왼쪽 사진)과 꽃창살(오른쪽 사진)

그림 5-35. 영주 성혈사 나한전 꽃살문

살문보다 더 다채롭고 풍부하다. 전체를 모란꽃 문양으로 채운 문도 있고(그림 5-36 왼쪽), 가운데 문짝 전체를 연잎과 연꽃으로 가득 채운 연 밭을 배경으로 연잎 위 또는 여백에 선승, 동자, 용, 물고기, 물새, 게 등 다양한 소재들을 사실적으로 조각해 놓았다(그림 5-36 가운데와 오른쪽, 그림 5-37). 민화적인 표현 기법 속에 순박한 서민 정서와 정겨움이 그대로 배어난다.

　　　　문만이 아니라 문 주변에 꽃 장식을 해 놓은 드문 예가 있다. 부산 범어사 독성전 출입문 벽의 꽃 장식이 그것이다. 문은 아치형 구조를 가지고 있는데, 아치 위쪽 벽에 풍성하게 핀 모란꽃이 새겨져 있다(그림 5-38 위). 기둥과 아치 사이의 좁은 공간에는 두 손을 받쳐 든 작은 인물상이 조각되어 있다. 왼쪽 인물은 바지 차림이고, 오른쪽 인물은 치마 차림이다(그림 5-38 아래). 이로써 출입문 위의 모란꽃이 이 두 남녀가 독성에게 바치는 공양화라는 것을 알 수 있게 된다(허균,『사찰장식의 선과 미』, 다할미디어, 2008, 62~64쪽).

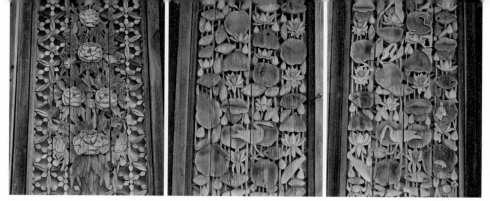

그림 5-36. 영주 성혈사 나한전 좌측 칸의 투각 모란꽃문(왼쪽 사진)과 가운데 중앙(어칸)문(가운데와 오른쪽 사진)

그림 5-37. 영주 성혈사 나한전 가운데 중앙문 확대 사진. 동자승(왼쪽 사진), 용(가운데 사진), 게(오른쪽 사진)

그림 5-38. 부산 범어사 독성전 출입문(위쪽 사진).
아래쪽 사진은 그 세부 모양으로 왼쪽 사진에 치마를 입은 인물상과 오른쪽 사진에 바지를 입은 인물상이 보인다.

5　기둥

　　　　건물의 몸통을 이루는 것이 기둥이다. 단면 모양에 따라 원기둥과 각기둥
으로 나누는데, 대개 원기둥이 더 격이 높다고 생각하여 궁궐이나 절의 주요 건물은 원
기둥으로 되어 있다. 원기둥은 기둥뿌리에서 3분의 1 정도 되는 부분까지 서서히 굵어
지다가 다시 가늘어지는 배흘림기둥(그림 5-39 왼쪽), 위로 올라갈수록 가늘어지는 민
흘림기둥(그림 5-39 오른쪽), 위아래의 굵기가 같은 원통기둥으로 나눌 수 있다.

　　　　영주 부석사의 무량수전(그림 5-39 왼쪽)이나 예산 수덕사의 대웅전은 배
흘림기둥으로 유명하다. 서양의 그리스, 로마의 신전에서도 이러한 기둥을 사용했는데
이를 엔타시스라고 한다. 배흘림기둥을 사용하는 이유는 기둥의 가운데 부분이 얇아 보
이는 착시 현상을 교정하여 시각적인 안정감을 주기 위함이다(백유선, 『우리 불교 문화
유산 읽기』, 두리미디어, 2004).

그림 5-39. **왼쪽:** 배흘림기둥(영주 부석사 무량수전). **오른쪽:** 민흘림기둥(완주 화암사 극락전)

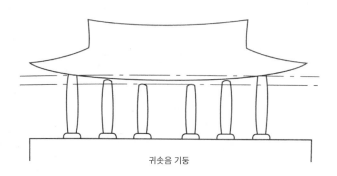

귀솟음 기둥

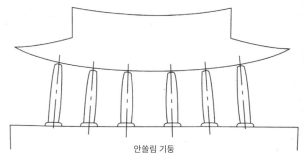

안쏠림 기둥

그림 5-40. 귀솟음기둥과 안쏠림기둥의 모식도

안쪽과 바깥쪽 기둥의 높이가 다른데, 즉 안쪽보다 바깥쪽 기둥을 약간 높게 세우는데 이러한 기둥을 귀솟음기둥이라고 한다. 또한 바깥쪽 기둥은 약간 안쪽으로 쏠리게 세우는데, 이를 안쏠림기둥이라고 한다(그림 5-40, 5-41). 이러한 기법 또한 기둥이 벌어져 불안정하게 보이는 착시 현상을 막아주기 위한 방법이다.

그림 5-41. 영주 부석사 무량수전 귀솟음기둥과 안쏠림기둥

그림 5-42. 영주 부석사 무량수전 활주

그림 5-43. 안성 청룡사 대웅전 측면 기둥. 기둥이 휘어 있고 오른쪽으로 가면서 굵어진다.

한편 추녀가 밖으로 빠져 나온 경우 지붕이 처지기 쉽다. 이를 방지하기 위해 추녀를 받치는 보조 기둥을 따로 설치하는데 이를 활주라고 한다(그림 5-42).

대웅전, 대적광전과 같이 부처님을 모신 법당은 사찰의 중심 건물이므로 그 기둥은 당연히 곧고 잘 다듬어진 모양이어야 한다고 생각된다. 사실 대부분의 법당 건물들은 앞 사진에서 보듯(그림 5-41, 5-42) 잘 다듬어져 권위와 위용을 자랑하고 있다. 그러나 일부 사찰의 건물 중에는 덜 다듬어지고, 미완성의 자연적인 느낌을 주는 기둥이 있다. 이는 한국 건축이 갖고 있는 자연친화적인 특성이다. 이러한 예로 안성 청룡사 대웅전, 서산 개심사 범종각과 심검당, 구례 화엄사 구층암, 구례 화엄사 보제루 기둥 등을 들 수 있다.

안성 청룡사 대웅전은 산에서 벌목해 온 원목을 아래위를 자르고 잔가지를 쳐내는 정도로 대강 다듬어 기둥으로 삼았고, 심하게 굽어서 건물 부재로는 도저히 쓸 수 없는 것 같은 목재를 과감하게 대들보로 사용했다. 건물 전면의 기둥 네 개는 비교적 잘 다듬어져 있는 편이지만, 양옆과 뒤쪽 기둥들은 산에서 자랄 때 모습 그대로다. 곧기나 굵기가 제멋대로 되어 있어 한두 개의 기둥만 보면 건물이 온전히 서 있을 것 같지 않은 느낌이다. 또한 건물 옆쪽 기둥들은 굵기가 다르고 특히 오른쪽으로 갈수록 점점

그림 5-44. 구례 화엄사 보제루 아래 기둥

굵어지는 점증적 리듬감을 보여주고 있다(그림 5-43).

　　　구례 화엄사 보제루는 모든 법요식을 거행하는 건물로 이 사찰에서 중요한 건물의 하나이다. 그런데 건물의 하중을 받는 아래 기둥을 자연 상태에서 자란 나무를 일정한 길이로 잘라 그냥 사용하였다. 기둥의 두께도 다르고 약간 손질한 느낌은 있지만 굽은 것을 펴려고 다듬은 흔적이 별로 없다(그림 5-44).

　　　대웅전이나 누각이 이럴 정도이니 승려들의 거처인 요사채나 범종각 같은 부속 건물들은 말할 것도 없다. 대표적인 예로 서산 개심사의 범종각과 심검당을 들 수 있다. 개심사 범종각을 구성하는 네 개의 기둥 모두 자연 그대로 미가공 상태의 휜 나무를 사용하여 지붕을 받치고 있다(그림 5-45). 개심사 심검당의 기둥은 원래 자라던 모양을 그대로 간직하고 있어 벽을 모두 헐었다고 가정하면 심검당 일대가 굽은 고목나무들의 숲처럼 보일 것이 틀림없다. 기둥은 굽은 나무 등걸을 그대로 세워 놓았고, 보 또한 너무 휘어서 집 재목으로 쓸 수 없는 것을 사용하였다(그림 5-46)(허균, 『사찰 100미 100선』, 불교신문사, 2007). 휜 기둥에 휜 보가 찌르고 들어가니 묘한 어울림이다.

　　　가공하지 않은 나무를 그대로 기둥으로 사용한 건물 중 특이한 것으로는 구례 화엄사 구층암 요사채를 들 수 있다. 백 년은 넘었음 직한 큰 모과나무를 베어서

전혀 다듬지 않고 생긴 그대로 기둥으로 사용하였다. 움푹 팬 나무결과 옹이까지도 생생하다. 밑동은 하나지만 위는 두 갈래로 갈라진 Y자형 기둥이 지붕을 받치고 있다. 앞에서 설명한 대로 일부 휘어진 기둥이나 다듬지 않은 기둥은 드물지 않게 있지만, 화엄사 구층암처럼 일절 손을 대지 않고 생긴 그대로 사용한 기둥은 찾아보기 어렵다(그림 5-47).

그림 5-47. 구례 화엄사 구층암 요사채의 모과나무기둥

6장

사찰의 중심자리 절집

1 부처님이 계신 곳

석가모니 부처님의 집

대웅전

　　법당의 이름은 법당 안에 모신 부처에 따라 다르다. 석가모니 부처님을 모시면 대웅전(大雄殿), 비로자나불을 모시면 대적광전(大寂光殿), 아미타불을 모시면 무량수전(無量壽殿) 또는 극락전(極樂殿), 약사여래를 모시면 약사전(藥師殿)이라고 한다.

　　대웅전은 안에 석가모니 부처님을 모신 건물로 우리나라 사찰의 주 불전으로 가장 흔하다. 전각 이름을 대웅전이라 한 것은 석가모니 부처님이 큰 힘을 가지고 마귀의 항복을 받기 때문이다. 대웅전에는 가운데 석가여래를 중심으로 그 좌우에 문수보살과 보현보살을 봉안하는 것이 원칙이다(그림 6-1). 간혹 대웅보전(大雄寶殿)이라 이름하며 중앙에 석가여래를 모시고 그 좌우에 약사여래와 아미타불을 모시고 그 옆에 협시보살을 모신 경우도 있다(그림 6-2).

그림 6-1. 위: 안성 청룡사 대웅전(보물 제824호).
아래: 대웅전 안의 소조석가여래삼존상(보물 제1789호).
중앙에 석가모니 부처님을 모시고 그 좌우에 문수보살과 보현보살을 모셨다.

그림 6-2. **위:** 강화 전등사 대웅보전(보물 제178호).
아래: 대웅보전 안의 목조석가여래삼불좌상(보물 제1785호).
석가모니 부처님 좌우에 약사여래, 아미타불을 배치한 삼계불(三界佛)이다.

그림 6-3. 경주 불국사 대웅전 삼세불. 석가모니불을 중심으로 그 좌우에 미륵보살(미래의 미륵불)과
제화갈라보살(과거의 정광여래)을 봉안하였다.

사찰에 따라서는 과거 현재 미래불을 상징하는 삼세불로 석가여래 좌우
에 미륵보살(미래의 미륵불)과 갈라보살(과거의 정광여래)을 모시기도 한다(그림 6-3).
또한 법신, 보신, 화신의 삼신불을 봉안하기도 한다. 법신은 비로자나불, 보신은 아미타
불과 약사여래, 화신은 석가모니불을 지칭하지만, 우리나라 사찰에서는 선종의 삼신설
을 따라 비로자나불, 노사나불, 석가모니불을 삼신불로 봉안하는 경우가 흔하다(허균,
『사찰 100미 100선』, 불교신문사, 2007, 48~49쪽).

국보로 지정된 대웅전으로는 예산 수덕사 대웅전(국보 제49호)과 양산 통도사 대웅전(국보 제290호), 그리고 최근에 국보로 승격된 안동 봉정사 대웅보전(국보 제311호)을 들 수 있다. 이외에도 현재까지 보물로 지정된 대웅전이 37개나 된다. 수덕사 대웅전을 제외한 나머지 대웅전은 모두 조선 시대, 그것도 임진왜란, 병자호란 이후에 재건된 건물들이다. 조선 전기에 건축된 대웅전들은 주심포 양식의 맞배지붕 건물이지만, 조선 중기 이후 건물들은 다포식 팔작지붕 양식을 따라 외형이 화려해지는 특징이 있다.

현존하는 목조건물 중 가장 오래된 것은 안동 봉정사 극락전(12세기경)과 영주 부석사 무량수전(13세기)이지만 대웅전 건물 중에서는 예산 수덕사의 대웅전이 가장 오래된 건물이다. 1937년 건물을 해체 수리할 때 발견된 묵서명(墨書銘)에 의해 고려 충렬왕 34년(1308년)에 지어진 것이 확인되어 건립 시기를 정확히 알 수 있는 가장 오래된 건물이다.

정면 3칸, 측면 4칸 크기이며, 지붕은 맞배지붕으로 꾸몄다. 지붕 처마를 받치기 위해 만든 공포가 기둥 위에만 있는 주심포 양식이다. 정면 3칸에는 모두 3짝 빗살문을 달았고 뒷면에는 양쪽에 창을, 가운데에는 널문을 두었다(그림 6-4). 백제 계통의 목조 건축 양식을 이은 고려 시대 건물로 특히 건물 옆면의 장식적인 요소가 매우 아름답다. 또한 건립 연대가 분명하고 형태미가 뛰어나 한국 목조 건축사에서 매우 중요한 문화재로 평가 받고 있다(문화재청 자료에서 인용).

수덕사 대웅전은 건축물이라기보다는 공예품에 가까울 정도로 섬세하게 잘 짜인 가구 같다. 대웅전의 아름다움은 측면에서 잘 드러난다. 여러 건축가들이 수덕사 대웅전에 대한 글을 남겼지만 저자는 임석재 교수의 글을 인용하고자 한다(임석재, 『우리 옛 건축과 서양 건축의 만남』, 대원사, 1999, 80~82쪽).

"한국 전통 건축의 목구조(木構造)는 건물 전체에 참으로 아름다운 한 편

그림 6-4. 예산 수덕사 대웅전(국보 제49호) 정면

의 추상화를 그려놓는다. 수덕사 대웅전의 측면 추상 입면은 그 자체만으로도 아름답지만 위쪽의 처마 곡선과 함께 어우러지면 더욱 아름답게 느껴진다. 수덕사 대웅전은 맞배지붕이므로 화려한 맛은 적다. 그러나 추상 입면에 표현된 목구조 특유의 경쾌하고 가벼운 멋이 더해지면서 맞배지붕은 은근하고 편안한 멋을 준다.

수덕사 대웅전의 측면을 보면 열한 개의 보가 결구되어 있으며, 이는 적은 수가 아니다. 그러나 결코 무겁거나 지나치다는 느낌이 들지 않는다. 수덕사 대웅전에서는 그만의 독특한 경쾌감이 느껴진다. 첫째는 사뿐한 자태를 뽐내는 지붕 처마 곡선 덕분이고, 둘째는 군더더기 없이 솔직하게 표현된 노출 골조의 명쾌함 덕분이며, 셋째는 목구조 특유의 경량성 덕분이다.

그림 6-5. 예산 수덕사 대웅전(국보 제49호) 측면

그림 6-6. 양산 통도사 대웅전(국보 제290호). 왼쪽 위: 남쪽 면의 금강계단. 오른쪽 위: 동쪽 면의 대웅전.
왼쪽 아래: 북쪽 면의 적멸보궁. 오른쪽 아래: 서쪽 면의 대방광전

수덕사 대웅전의 처마 곡선은 은근하며 섬세하다. 처마는 휜 듯 안 휜 듯 은근한 곡선을 그린다. 얇게 처리된 서까래와 기와가 섬세한 두 겹선을 그으면서 살짝 휜 곡선의 은근함이 더해진다(그림 6-5)".

양산 통도사 대웅전(국보 제290호)은 다른 대웅전과는 달리 사방을 돌아가며 다른 이름의 현판을 달고 있는 점이 특이하다. 부처님 진신사리를 모시고 있는 금강계단(金剛戒壇)과 함께 국보 제290호로 지정되어 있는 이 건물은 정면 3칸, 측면 5칸의 겹처마 팔작지붕으로 되어 있다. 현판은 남쪽에는 금강계단(金剛戒壇), 북쪽에는 적멸보궁(寂滅寶宮), 동쪽에는 대웅전(大雄殿), 서쪽에는 대방광전(大方廣殿)이라고 쓰여 있다(그림 6-6).

그림 6-7. 화순 쌍봉사 대웅전

그림 6-8. **왼쪽:** 공주 마곡사 대웅보전(보물 제801호). **오른쪽:** 보은 법주사 대웅보전(보물 제915호)

현존하는 대웅전 건물 중 3층 목탑 형식의 건물은 화순 쌍봉사 대웅전이 유일하다. 지금의 건물은 1984년 화재로 소실된 후 다시 지은 것이지만 화재 전에 측량해 두었던 자료대로 복원하였기 때문에 원형이 보존된 셈이다(그림 6-7). 새로 복원된 법당 안에는 화재 당시 피해를 입지 않았던 석가여래상이 봉안되어 있는데, 문수보살과 보현보살 대신 가섭존자와 아난존자가 협시로 모셔져 있어 특이하다. 2층 구조로 된 대웅전으로는 공주 마곡사 대웅전(보물 제801호, 그림 6-8 왼쪽)과 보은 법주사 대웅보전(보물 제915호, 그림 6-8 오른쪽)을 들 수 있다.

그림 6-9. 청양 장곡사 상·하대웅전.
하대웅전(사진의 아래에 보이는 대웅전)에서 바라본 언덕 위의 상대웅전(흰 화살표), 두 건물의 방향이 다르다.

한 사찰에 두 개의 대웅전이 있는 특이한 예로 청양 장곡사의 상·하대웅전을 들 수 있다(그림 6-9). 상대웅전(보물 제182호)에는 비로자나불상과 약사여래상이 봉안되어 있고, 하대웅전(보물 제181호)에는 약사여래가 봉안되어 있다. 대웅전이란 이름이 붙어 있으므로 안에 석가여래를 모셔야 할 텐데 두 대웅전 모두 약사여래를 모신 이유는 알 길이 없다. 약사여래를 모셔서인지 약사도량으로 소문이 나 환자들이 많이 찾아와 기도하는 곳으로 유명하다.

그림 6-10. **왼쪽:** 강화 정수사 대웅보전(보물 제161호) 앞마루. **오른쪽:** 안동 봉정사 대웅전(국보 제311호) 앞마루

　　　　한국 전통 사찰의 전각은 일반 건물과는 달리 앞마루가 없이 기단에서 바로 문을 열고 건물 안으로 들어가게 되어 있다. 그런데 강화 정수사 대웅보전(보물 제161호)과 안동 봉정사 대웅전(국보 제311호)은 앞마루가 있어 특이하다(그림 6-10).

　　　　강화 전등사 대웅전(보물 제178호)은 귀 기둥 위에 인물상(나부상)을 배치하여 추녀의 무게를 받치도록 한 점이 특이하다(그림 6-11). 이 나부상에 대한 재미있는 전설이 전해 온다. 대웅전 건축공사를 맡았던 목수가 아래 마을 주막집 주모와 정분이 나서 임금을 비롯한 모든 재물을 주모한테 맡기고 주막에서 숙식을 하고 있었는데, 어느 날 주모가 모든 재물을 들고 줄행랑을 쳤다고 한다. 재물을 잃은 목수가 주모의 나쁜 짓을 경고하고 죄를 씻게 하기 위해 발가벗은 모습을 조각하여 추녀를 받치게 하였다는 것이다. 더욱 흥미로운 것은 왼쪽 전후 2곳의 처마 밑에서는 두 손으로 처마를 받치며 벌을 받고 있는 모양새인데 비해(그림 6-11 확대 사진), 오른쪽 전후 귀퉁이의 것은 한 손으로만 처마를 받치고 있다는 점이다(그림 6-12). 마치 벌을 받으면서도 꾀를 부리고 있는 듯한 모습으로 우리 선조들의 재치와 익살을 느낄 수 있는 대목이다.

그림 6-11. 강화 전등사 대웅전(보물 제178호) 처마 나부상

그림 6-12.
강화 전등사 대웅전(보물 제178호) 우측 전면
처마 밑 나부상, 왼손만 들고 있다.

그림 6-13. **왼쪽 위:** 창녕 관룡사 대웅전(보물 제212호). **오른쪽 위:** 경산 환성사 대웅전(보물 제562호).
왼쪽 아래: 부안 개암사 대웅전(보물 제292호). **오른쪽 아래:** 여수 흥국사 대웅전(보물 제386호)

이외에도 건축사적으로 가치가 있는 것으로는 창녕 관룡사 대웅전(보물 제212호, 그림 6-13 왼쪽 위), 경산 환성사 대웅전(보물 제562호, 그림 6-13 오른쪽 위), 부안 개암사 대웅전(보물 제292호, 그림 6-13 왼쪽 아래), 여수 흥국사 대웅전(보물 제386호, 그림 6-13 오른쪽 아래), 동래 범어사 대웅전(보물 제434호, 그림 6-14 위), 고창 선운사 대웅전(보물 제290호, 그림 6-14 아래), 안성 청룡사 대웅전(보물 제824호, 그림 6-1 위) 등이 있다.

그림 6-14. **위:** 동래 범어사 대웅전(보물 제434호). **아래:** 고창 선운사 대웅전(보물 제290호)

진리의 본체 법신불을 모신
대적광전(大寂光殿)

대적광전(大寂光殿)은 비로자나불을 모신 불전으로 대명광전(大明光殿), 대적전(大寂殿), 비로전(毘盧殿), 화엄전(華嚴殿)으로도 불린다. 대적광전은 때론 광(光)자를 뺀 대적전으로 부르기도 하며 비로자나불을 모셨으나 주 불전이 아닌 경우 비로전이라고도 한다. 비로자나불이 화엄 세계의 교주이므로 화엄전이라고도 부른다. 또 비로자나불은 우주 어디에나 광명을 비춘다고 해서 대광명전(大光明殿)으로 부르기도 한다.

'비로자나'는 범어 바이로차이나(Vairocana)를 소리 나는 대로 옮긴 것으로 본래는 태양을 의미하던 말로, 음역으로는 비로사나(毘盧舍那), 노사나(盧舍那), 의역으로는 변일체처(邊一切處), 광명변조(光明遍照)라 한다. 이 부처님의 빛이 일체처에 미치는 까닭에 그 몸은 형체가 없으나 빛으로 되어 있기 때문에 그 신광(身光)과 지광(智光)이 일과 이치에 걸림 없이 통하는 것을 상징하여 이름을 그렇게 지은 것이다. 곧, 태양이므로 모든 곳을 두루 비추는데 비유해 이렇게 번역한 것이다. 밀교에서 대일여래(大日如來)라고 하는 것도 같은 이유이다. 화엄경과 밀교경전들의 교주인 법신불(法身佛)로서, 우주와 인생에 깃들어 있는 영원무변하고 보편타당한 진리를 당체로 하는 부처님이다.

비로자나불상은 지권인(智拳印)이라는 독특한 수인을 하고 있다. 지권인은 곧바로 세운 왼손 검지를 오른손으로 감싸는 형태이다(그림 6-15). 오른손은 부처님의 세계를 뜻하고 왼손은 중생세계를 뜻하는 것으로 부처와 중생, 깨달음과 어리석음이 본래 둘이 아님을 나타내고 있다. 즉, 일체의 무명 번뇌를 없애고 부처의 지혜를 얻는다

그림 6-15. 장흥 보림사 철조비로자나불좌상(국보 제117호)의 지권인

는 뜻을 갖고 있다.

대적광전 중 대표적인 건물은 김제 금산사의 대적광전을 꼽을 수 있는데 원 건물은 1963년 보물 제476호로 지정되었다가, 불행하게도 1986년 12월 6일 화재로 전소되어 보물 지정에서 해제되었다. 현재의 건물은 화재 전에 작성된 실측도를 기준으로 1990년에 다시 복원한 것이다(그림 6-16). 금산사 대적광전은 정면 7칸, 측면 4칸의 팔작지붕 건물이다. 법당 안에는 비로자나불을 비롯한 5구의 대형 불상과 6구의 보살 입상이 봉안되어 있다. 중앙에 비로자나불을 중심으로 좌우에 노사나불과 석가여래가 모셔져 있는데 이는 삼신불 구도를 취한 것이다. 삼신불 좌우에 각각 약사여래와 아미타

그림 6-16. 김제 금산사 대적광전

그림 6-17. 김제 금산사 대적광전 안 5여래와 6협시보살

그림 6-18. 경주 기림사 대적광전(보물 제833호).
선덕여왕 때 세워진 후 여러 차례에 걸쳐 수리한 것으로
지금 건물은 조선 인조 7년(1629년)에 크게 고쳤을 때의 것으로 보인다.
공포에 조각을 많이 넣어 17세기 건축 흐름을 알 수 있다.

불을 모셨다. 다섯 부처님 사이에는 관음보살, 대세지보살, 문수보살, 보현보살, 일광보살, 월광보살 등 아미타불, 석가여래, 약사여래의 협시보살이 배치되어 있다(그림 6-17). 이 외에 문화재급의 대적광전으로는 경주 기림사 대적광전(보물 제833호, 그림 6-18), 김제 귀신사 대적광전(보물 제826호, 그림 6-19), 합천 해인사 대적광전(경남 유형문화재 제256호, 그림 6-20 왼쪽), 홍천 수타사 대적광전(강원 유형문화재 제17호, 그림 6-20 오른쪽) 등이 있다.

그림 6-19. 김제 귀신사 대적광전(보물 제826호). 17세기경에 다시 지은 것으로 짐작된다.
정면 5칸, 측면 3칸 규모이며, 다포식 맞배지붕이다.

그림 6-20. **왼쪽:** 합천 해인사 대적광전(경남 유형문화재 제256호).
오른쪽: 홍천 수타사 대적광전(강원 유형문화재 제17호)

      대광명전(大光明殿)이란 이름의 건물로는 양산 통도사 대광명전(보물 제1827호, 그림 6-21), 해남 대흥사, 성남시 수정구의 봉국사 대광명전이 있고, '명' 자를 뺀 대광전으로는 금산 신안사, 밀양 표충사 대광전 등이 있고, '보' 자를 더해서 대광보전이란 이름을 가진 건물로는 공주 마곡사 대광보전(보물 802호, 그림 6-22)이 있다. 대

그림 6-21. 양산 통도사 대광명전(보물 제 1827호).
통도사 내 중로전(中爐殿)의 중심 불전으로 정면 5칸, 측면 3칸의 다포식 팔작지붕 건물이다.

그림 6-22. 공주 마곡사 대광보전(보물 제802호). 마곡사의 중심 법당으로 해탈문, 천왕문과 일직선으로 놓여 있다.
처음 지은 시기는 알 수 없으나 불에 타버렸던 것을 조선 순조 13년(1813년)에 다시 지은 것이다.
안팎으로 구성과 장식이 풍부하고 건축 수법이 독특한 건물로 조선 후기 건축사 연구에 귀중한 자료가 되고 있다.

그림 6-23. 위: 공주 갑사 대적전(충남 유형문화재 제106호). 아래: 경주 불국사 비로전

적전이란 이름을 가진 것으로는 공주 갑사 대적전(충남 유형문화재 제106호, 그림 6-23 위)이 유명한데 불전의 이름과 맞지 않게 석가모니불을 모셨다. 비로전이란 이름을 가진 불전으로는 괴산 각연사, 김천 직지사, 광주 증심사, 경주 불국사(그림 6-23 아래), 부산 범어사, 의성 수정사, 군위 제2석굴암 비로전 등이 유명하다. 화엄전이라는 이름을 가진 불전으로는 순천 송광사 화엄전, 하동 쌍계사 화엄전 등이 있다.

극락으로 인도하는 아미타불의
극락전(極樂殿)

극락전(極樂殿)은 아미타불을 본존으로 모시는 불전으로 '보(寶)'를 첨가해서 격을 높여 극락보전이라고도 하며, 아미타(阿彌陀)에서 '아' 자를 생략해서 미타전(彌陀殿)이라고도 한다. 아미타불은 '아미타-유스(Amitayus)'와 '아미타-브하(Amitabha)' 두 가지 어원에서 비롯되는데, 이 중 공통부분인 '아미타'라는 말만 따와서 붓다의 명칭으로 삼은 것이 아미타불이다. 중국에서는 무량광보다 무량수의 가치를 더 높게 평가해서 무량수전(無量壽殿)이라는 명칭이 생겼다.

그림 6-24. 강진 무위사 극락전 아미타여래삼존좌상(보물 제1312호). 가운데 아미타불은 하품 중생의 수인을 하고 있고, 그 좌측에 관세음보살과 우측에 지장보살이 협시보살로 배치되어 있다.

그림 6-25. 안동 봉정사 극락전(국보 제15호)

극락전에 봉안된 아미타여래는 아미타 구품 중 하나의 수인을 취하며 좌우 협시보살로 왼편에 관세음보살, 오른편에 대세지보살(大勢至菩薩) 또는 지장보살을 배치하는데 이를 아미타 삼존불이라고 한다(그림 6-24). 아미타불에겐 자비문과 지혜문이 있는데 관세음보살은 자비문을 대표하고 대세지보살은 지혜문을 나타낸다. 관무량수경(觀無量壽經)에 의하면 지혜의 빛으로 일체 중생을 널리 비추어서 축생·지옥·수라의 세계를 벗어나게 하고, 더할 수 없는 힘을 얻게 하며, 발을 디디면 삼천세계와 마군을 항복시키는 큰 위세가 있다고 하여 대세지라 이름한다고 설명하고 있다(허균,『사찰 100미 100선』, 불교출판사, 2007, 55~56쪽).

현존하는 극락전 중 문화재적 가치가 큰 것으로는 안동 봉정사 극락전(국보 제15호), 영주 부석사 무량수전(국보 제18호), 강진 무위사 극락전(국보 제13호), 완주 화암사 극락전(국보 제316호), 부여 무량사 극락전(보물 제356호) 등을 들 수 있다.

천등산 기슭에 있는 봉정사는 신문왕 2년(682년) 의상 대사가 지었다고 한다. 부석사를 세운 의상 대사가 부석사에서 종이로 봉황새를 만들어 날려 보냈는데,

그 새가 내려앉은 자리에 절을 짓고 봉정사라 이름 지었다는 전설이 전하여 온다. 봉정사 극락전(국보 제15호)은 1972년 해체, 수리할 때 고려 공민왕 12년(1363년)에 지붕을 수리하였다는 기록이 발견되었다. 목조 건물이 100~150년에 한 번 중수(重修)하는 점을 고려하면 고려 중기(12~13세기)에 지은 것으로 우리나라에서 가장 오래된 목조 건물로 평가되고 있다. 정면 3칸, 측면 4칸 크기에, 지붕은 맞배지붕으로 꾸몄다. 기둥은 가운데가 볼록한 배흘림 형태이며, 지붕 처마를 받치기 위해 장식하여 짠 구조가 기둥 위에만 있는 주심포 양식이다. 앞면 가운데 칸에는 문을 달고, 양 옆 칸에는 살창이 설치되어 있는데, 이러한 구조는 어느 시대 어느 사찰에서도 볼 수 없는 이 건물만의 특징이다(그림 6-25). 또한 삼국 시대의 잔영을 보여주는 공포의 기둥머리와 소로의 굽은 형태, 마루도리를 받치는 복화반(覆花盤) 모양의 대공(臺工) 등은 이 건물의 역사적 가치를 높여 준다(그림 6-26 왼쪽). 건물 안쪽 가운데에는 불상을 모셔놓고 그 위로 불상을 더욱 엄숙하게 꾸미는 화려한 닫집을 만들었다. 닫집은 천장에 매달아 설치하는 것이 통례이나 봉정사 극락전은 불단 위에 네 기둥을 세워 지붕을 떠받치는 형식으로 되어 있

그림 6-27. 영주 부석사 무량수전(국보 제18호)

어 이채롭다(그림 6-26 오른쪽). 봉정사 극락전은 통일신라 시대 건축 양식을 본받고 있는 고려 시대의 건물로 우리나라에 남아있는 목조 건축물 중 가장 오래된 것으로 알려져 있다(허균,『사찰 100미 100선』, 불교출판사, 2007, 56쪽; 문화재청 자료에서 인용).

안동 봉정사는 1999년 4월 영국 엘리자베스 여왕이 방문해서 더 유명해졌다. 특히 극락전을 참배하고는 '오래된 하나의 거대한 나무 조각 같다'라며 극찬하였다. 원래는 하회마을을 방문하여 73세 생일상을 맞는 일정뿐이었는데 여왕이 봉정사를 방문하겠다고 하여 봉정사 참배가 이루어졌다고 한다. 처음에는 의전을 담당하는 외교관들이 봉정사를 잘 몰라 당황했다는 뒤 이야기가 있어 좀 씁쓸한 생각이 든다. 우리나라에서 가장 오래된 목조 건물이고, 아마 세계적으로도 그 유례를 찾기가 쉽지 않을 터인데 영국 여왕 방문으로 세상에 알려지다니! 불자라고 자부했던 필자도 신문 기사를 보고 봉정사 극락전의 가치를 알았으니 참으로 부끄러운 생각이 든다.

영주 부석사 무량수전(국보 제18호)은 신라 문무왕(재위 661~681년) 때 짓고 고려 현종(재위 1009~1031년) 때 고쳐 지었으나, 공민왕 7년(1358년) 왜구의 침략으로 불에 타 큰 피해를 입었고, 지금 있는 건물은 고려 우왕 2년(1376년)에 재건된 것이다. 정면 5칸, 측면 3칸으로 지붕은 팔작지붕으로 꾸몄다. 지붕 처마를 받치기 위해 장식한 구조를 간결한 형태로 기둥 위에만 짜 올린 주심포 양식이다. 특히 세부 수법이 후세의 건물에서 볼 수 있는 장식적인 요소가 적어 주심포 양식의 기본 수법을 가장 잘 남기고 있는 대표적인 건물로 평가 받고 있다(그림 6-27)(문화재청 자료에서 인용).

부석사 무량수전은 현존하는 목조 건물 중 가장 아름다운 건물로 생각된다. 최순우 선생의 글을 인용하면 부석사 무량수전은 "기둥의 높이와 굵기, 사뿐히 고개를 든 지붕 추녀의 곡선과 그 기둥이 주는 조화, 간결하면서도 역학적이며 기능에 충실한 주심포의 아름다움, 이것은 꼭 갖출 것만을 갖춘 필요미이며, 문창살 하나 문지방 하

그림 6-28. **왼쪽:** 영주 부석사 무량수전 현판. 고려 공민왕의 글씨로 알려졌다.
오른쪽: 소조여래좌상(국보 제45호). 서쪽에서 동쪽을 보고 앉아있다.

나에도 나타나 있는 비례의 상쾌함이 이를 데가 없다"(최순우, 『배흘림기둥에 서서』, 학
고재, 1994, 78쪽)라고 극찬하였다. 그야말로 완벽한 조화와 균형의 아름다움을 느낄 수
있는 한국 제일의 건축물이다. 부석사 무량수전 현판은 고려 공민왕의 글씨로, 우리나
라 사찰 편액(扁額) 가운데 가장 오래된 것으로 추정된다. 공민왕은 1361년 홍건적의 침
입을 피해 영주(당시 순흥)로 피난을 와 당시 최고의 화엄 도량인 부석사를 방문하고 글
씨를 남겼다(그림 6-28 왼쪽). 건물 안에는 다른 불전과 달리 불전의 옆면, 즉 서쪽에 앉
아 동쪽을 바라보는 자세로 아미타불이 봉안되어 있다. 이것은 아미타불이 서방정토를
주재하는 부처님이기 때문으로 생각된다(그림 6-28 오른쪽). 이와 같은 불상 배치는 부
여 무량사 극락전에서도 볼 수 있다.

그림 6-29. 강진 무위사 극락전(국보 제13호)

극락전 건물 중 중요한 건물로 강진 무위사 극락전(국보 제13호)을 들 수 있다. 이 건물은 세종 12년(1430년)에 지은 조선 초기 건물이며, 자연석을 쌓아 네모나게 조성한 석단 위에 정면 3칸, 측면 3칸 크기로 세워져 있다. 지붕은 맞배지붕으로, 지붕 처마를 받치기 위해 짠 공포가 기둥 위에만 있으며 간결하면서도 아름다운 조각이 매우 세련된 기법을 보여주고 있다(그림 6-29). 극락전 안에는 아미타삼존불과 29점의 벽화가 있었지만, 지금은 불상 뒤에 아미타여래삼존벽화(국보 제313호) 하나만 남아 있고(그림 6-30) 나머지 28점은 보존각에서 보관하고 있다. 아미타 삼존도가 그려진 후불벽 뒷면에 백의관음도(보물 제1314호)가 있는데 아미타여래삼존벽화와 같은 시기에 그려진 것으로 보인다(그림 6-31). 이 벽화들에는 전설이 전하는데, 극락전이 완성되고 난 뒤 한 노인이 나타나서는 49일 동안 이 법당 안을 들여다보지 말라고 당부한 뒤에 법당

그림 6-30. 강진 무위사 극락전 아미타여래삼존벽화(국보 제313호)

그림 6-31. 강진 무위사 극락전
백의관음도(보물 제1314호)

으로 들어갔다고 한다. 49일째 되는 날, 궁금함을 참지 못한 절의 주지 스님이 약속을 어기고 문에 구멍을 뚫고 몰래 들여다보자, 마지막 그림인 관음보살의 눈동자를 그리고 있던 한 마리의 파랑새가 입에 붓을 물고는 어디론가 날아가 버렸다고 한다. 그래서인지, 지금도 그림 속 관음보살의 눈동자가 없다. 무위사 보존각에 보관 중인 벽화에서 눈동자 그림이 빠진 관음보살을 찾아보는 것도 순례의 보람이 아닐까? 마음이 순수한 사람 눈에만 보인다던가, 필자는 몇 번 찾아보았으나 매번 실패했다. 탐욕에 찌든 눈을 맑게 하려면 얼마나 더 참회를 해야 하나? 이 건물은 곡선 재료를 많이 쓰던 고려 후기의 건축에 비해, 직선 재료를 사용하여 간결하면서 짜임새의 균형을 잘 이루고 있어 조선 초기의 양식을 완전하게 갖추고 있는 건물로 주목 받고 있다(문화재청 자료에서 인용).

완주 화암사 극락전(국보 제316호)은 1981년 해체, 수리 때 발견한 기록에 따르면, 조선 선조 38년(1605년)에 세운 것으로 되어 있다. 정면 3칸, 측면 3칸 크기에 맞배지붕으로 꾸며 소박하고 작은 규모를 보이고 있다(그림 6-32 왼쪽). 건물 안쪽 가운

그림 6-32. 완주 화암사 극락전(국보 제316호)과 하앙식(下昻式) 공포(오른쪽 사진)

그림 6-33. 부여 무량사 극락전(보물 제356호)과 오층석탑(보물 제185호), 석등(보물 제233호)

데 칸 뒤쪽에는 관세음보살상을 모셨으며, 그 위에 지붕 모형의 닫집을 만들어 용을 조각하였다.

화암사 극락전은 우리나라에 단 하나뿐인 하앙식(下昻式) 구조이다. 하앙식 구조란 바깥에서 처마 무게를 받치는 부재를 하나 더 설치하여 지렛대의 원리로 일반 구조보다 처마를 훨씬 길게 내밀 수 있게 한 구조이다(그림 6-32 오른쪽). 중국이나 일본에서는 근세까지도 많이 볼 수 있는 구조이지만 우리나라에서는 유일한 것으로 목조 건축 연구에 귀중한 자료가 되고 있다(문화재청 자료에서 인용).

부여 무량사 극락전(보물 제356호)은 우리나라에서는 그리 흔치 않은 2층 불전으로 무량사의 중심 건물이다. 현재 우리나라에 있는 중층 불전으로는 김제 금

그림 6-34. 영천 은해사 백흥암 극락전(보물 제790호)과 수미단(보물 제486호, 오른쪽 사진)

산사 미륵전, 보은 법주사 팔상전과 대웅보전, 구례 화엄사 각황전, 공주 마곡사 대웅전, 화순 쌍봉사 대웅전 등이 있으나 무량사 극락전만큼 그 앞의 석탑과 절묘한 조화를 이루고 있는 건물은 드물다(그림 6-33). 외관상으로는 2층이지만 내부에서는 아래층과 위층이 구분되지 않고 하나로 트여 있다. 아미타여래삼존상을 모시고 있는 이 불전은 조선 중기의 양식적 특징을 잘 나타낸 불교 건축으로서 중요한 가치를 지니고 있는 우수한 건물이다.

지금까지 살펴본 극락전과 무량수전 이외에도 영천 은해사 백흥암 극락전(보물 제790호, 그림 6-34), 청도 대적사 극락전(보물 제836호), 문경 봉암사 극락전(보물 제1574호) 등도 볼만하다. 특히 은해사 백흥암 극락전 안의 수미단은 그 문양이 특이하고 아름다워 보물 제486호로 지정되어 있다(그림 6-34 오른쪽). 비구니 수행 도량으로 일반인 출입을 통제하고 있다.

대의왕(大醫王) 약사여래를 모신
약사전(藥師殿)

약사전(藥師殿)은 약사여래를 모시는 전각으로 약사여래는 동방정유리세계(東方淨瑠璃世界)의 교주이고, 약사여래가 상주하는 곳이 동방만월세계이므로 유리광전(琉璃光殿) 또는 만월보전(滿月寶殿)이라고도 한다. 이 전각은 주로 동쪽에 위치하는 경향이 있다. 약사여래는 붓다가 되기 전 약왕보살로 수행하고 있을 때, 자신이 붓다가 되는 세상에는 열두 가지 장애가 없기를 소원하였다. 이러한 소원이 성취되어 출현하신 곳이 동쪽의 보름달같이 밝고 유리처럼 깨끗한 정유리세계(淨瑠璃世界)이다.

약사여래는 대의왕(大醫王)이기 때문에 일체의 병고와 액난으로부터 중생을 구해 주신다. 즉, 약사여래가 다스리는 병은 협의의 질병만이 아니라 중생이 겪는 모든 문제들을 다 해결해 주시는 것이다. 약사전 안에 모신 약사여래상은 왼손에 약합(藥盒)을 든 수인으로 되어 있다(그림 6-35). 약합은 중생의 고통을 치료해 주려는 약사여래의 서원이 담겨 있는 상징이다. 협시보살로 좌우에 일광보살과 월광보살이 배치된다. 일광보살은 태양을 상징하는 성인이다. 그래서 머리 위 보관에는 붉은 원상과 삼족오(三足烏)를 두고 있다. 삼족오는 고구려와 같은 요동에서 태양의 정령이라는 까마귀를 뜻한다. 월광보살은 달을 상징하므로 보관에는 흰색의 원상을 두고 그 안에 토끼가 묘사된다(자현, 『사찰의 상징 세계』, 불광출판사, 2012, 189쪽).

현존하는 약사전 중 건축사적으로 중요한 것으로는 창녕 관룡사 약사전(보물 제146호), 강화 전등사 약사전(보물 제179호), 순천 송광사 약사전(보물 제302호) 등이 있다. 창녕 관룡사 약사전과 순천 송광사 약사전은 정면과 측면이 각각 1칸씩인 작은 전각이다. 위치도 사찰의 중심 영역에서 벗어나 있다. 약사여래의 12대원은 치병, 현

그림 6-35. 청양 장곡사 금동약사여래좌상(보물 제337호)

세적 복락 등 구복적 성격을 띠고 있다. 일반 중생들은 불교의 궁극적인 해탈보다는 현세의 구복에 더 관심이 많기 때문에 약사여래에 대한 신앙은 칠성, 산신 신앙과 비슷하게 취급되었고, 따라서 약사전의 규모나 위치가 산신각, 칠성각 등의 신중전과 비슷하게 취급되었을 것으로 생각된다(허균,『사찰 100미 100선』, 불교신문사, 2007, 63쪽).

창녕 관룡사 약사전(보물 제146호)은 정면 1칸, 측면 1칸의 작은 건물로 맞배지붕을 하고 있고, 관룡사에서 가장 오래된 건물로 조선 전기에 건축된 것으로 보인다(그림 6-36 왼쪽). 옆면 지붕이 크기에 비해 길게 뻗어 나왔는데도 무게와 균형을 잘 이루고 있어 안정감을 준다. 안에는 석조여래좌상(보물 제519호)이 안치되어 있고(그림 6-36 오른쪽), 약사전 내부에는 벽면에 아기자기한 벽화들이 그려져 있다. 창방 위의

그림 6-36. 창녕 관룡사 약사전(보물 제146호)과 안의 석조여래좌상(보물 제519호)

그림 6-37. 창녕 관룡사 약사전 내부. **왼쪽 위:** 사군자 벽화 위에 있는 화불.
왼쪽 아래 및 오른쪽 위·아래: 내부 벽면의 민화 풍 벽화

그림 6-38. 순천 송광사 약사전(보물 제302호)

가로로 긴 화면에는 4면을 돌며 불좌상들이 정연히 그려져 있다. 모두 원형 두광과 신광을 지고 연화좌에 앉아 합장을 하고 있다. 53불을 그린 것으로 추정된다(그림 6-37 왼쪽 위). 중앙 석조여래좌상을 중심으로 세 벽면에 병풍처럼 둘러가며 민화풍의 화조도가 한 벽면을 4면으로 구획하여 총 12면에 그려져 있다(그림 6-37 왼쪽 아래 및 오른쪽위·아래). 모든 벽면을 민화풍 그림으로 채운 경우는 관룡사 약사전이 유일하다.

　　　　순천 송광사 약사전(보물 제302호)도 관룡사 약사전과 비슷한 규모로 정면과 측면이 각각 1칸인 작은 건물이다. 경내의 남서쪽 낮은 터에 자리 잡은 건물로 옆의 영산전과는 처마가 맞닿을 정도로 가깝다. 겹처마에 팔작지붕, 거기다 다포 형식을

그림 6-39. 강화 전등사 약사전(보물 제179호)

갖추고 있어 건물 전체가 공예품 같은 인상을 풍긴다(그림 6-38). 내부에는 뒷벽에 약사후불탱화가 걸려 있고, 그 앞 불단에 비교적 작은 약사여래 좌상이 봉안되어 있다.

강화 전등사 약사전(보물 제179호)은 관룡사 약사전이나 송광사 약사전에 비해 규모가 크다. 대웅전 서북쪽 언덕 위에 위치한 약사전은 3단 장대석을 쌓아 마련한 터에 정면 3칸, 측면 2칸 규모로 지어진 팔작지붕 건물이다. 상승 기운으로 반전하는 추녀마루의 곡선, 추녀마루 곡선의 무한한 연장을 적정하게 제어하는 삼각형 합각, 알맞은 기둥 높이와 이에 조화로써 화답하는 처마가 약사전을 하나의 예술품으로 승화시키고 있다(그림 6-39).

그림 6-40. **위:** 양산 통도사 약사전(경남 유형문화재 제197호). **아래:** 경주 기림사 약사전(경북 유형문화재 제252호)

이외의 건물로 양산 통도사 약사전(경남 유형문화재 제197호), 경주 기림사 약사전(경북 유형문화재 제252호)이 볼만하다(그림 6-40). 유리광전이라고 이름을 붙인 것으로 당진 영탑사 유리광전, 대구 동화사 유리광전, 예천 한천사 유리광전 등이 있다. 그리고 만월보전으로 이름한 것으로는 남양주 흥국사 만월보전, 등명 낙가사 만월보전 등이 있다.

중생의 메시아 미륵불을 모신

미륵전(彌勒殿)

미래불인 미륵불을 모신 전각을 미륵전이라 하며 미륵불이 출현하는 곳이 용화세계이므로 용화전(龍華殿), 장륙존상을 모신다고 해서 장륙전(丈六殿)이라고도 한다. 미륵전은 특별한 경우를 제외하고 대적광전이나 극락전, 대웅전처럼 사찰의 중심을 차지하고 있는 경우는 드물고, 일주문에서 금당으로 이어지는 중심축에서 벗어난 위치에 있다.

미륵은 범어로는 마이트레야(Maitreya)인데, 미륵은 성씨이고 이름은 아지타(Ajita, 阿逸多)이다. 인도의 바라나시국 브라만 집안에서 태어나 석가모니불의 교화를 받으며 수도하였고, 미래에 성불하리라는 수기(授記)를 받은 뒤 도솔천에 올라가 현재 천인(天人)들을 위해 설법하고 있다고 한다. 석가모니불이 입멸한 뒤 56억 7천만년이 되는 때에 다시 사바세계에 출현하여 화림원(華林園) 용화수(龍華樹) 아래에서 성불하고, 3회의 설법으로 모든 중생을 교화한다고 한다. 이 법회를 '용화삼회'라고 하는데, 용화수 아래에서 성불하기 이전까지는 미륵보살이라 하고 성불한 이후는 미륵불이라 한다(두산백과에서 인용). 이런 내용을 부연하여 편찬한 미륵삼부경을 토대로 발생한 신앙이 미륵신앙이다. 부지런히 덕을 닦고 노력하면 이 세상을 떠날 때 도솔천에 태어나 미륵보살을 만나고 미래 세상에서 미륵이 성불할 때 그를 따라 사바세계에 내려와 미륵불 법회에 참가하여 깨달음을 얻는다는 신앙이다. 그래서 미륵불은 사회적으로 혼란한 시기에 인기가 높다. 미륵불이 일종의 메시아이므로 혼란한 시기에는 중생들이 메시아인 미륵에 자기의 미래를 거는 신앙에 빠지게 된다. 역사적으로 보면 통일을 즈음한 삼국 시대, 후삼국 시대, 조선 말 개화기에 미륵 신앙의 인기가 높았다. 미륵 신앙은 전국적으로 하층 민

그림 6-41. 김제 금산사 미륵전(국보 제62호)

중 사이에 널리 퍼졌지만 특히 김제, 익산을 중심으로 한 전북 지방에서 성행하였다.

　　　현존하는 미륵전 중 가장 규모가 크고 아름다운 건물은 한국 미륵신앙의 메카인 김제 금산사의 미륵전(국보 제62호)이다. 외형은 3층처럼 보이나 내부는 통층 구조로 된 목조 건물로 구조와 건축미의 측면에서 문화재적 가치가 높다. 3층 건물의 각 층마다 편액이 하나씩 걸려 있는데, 3층의 彌勒殿(미륵전)이라고 쓴 편액 외에 1층에 大慈寶殿(대자보전), 2층에 龍華止會(용화지회)라고 쓴 편액이 걸려 있다(그림 6-41). 내부에는 미륵장륙상을 중심으로 좌우에 법화림보살(法花林菩薩)과 대묘상보살(大妙相菩薩)을 협시보살로 배치하고 있다(그림 6-42).

그림 6-42. 김제 금산사 미륵전(국보 제62호) 미륵장륙상과 우협시 대묘상보살.
좌협시 법화림보살은 수리 중이어서 천으로 가려져 있다.

금산사 미륵전을 아름답게 만드는 것은 내 외벽 각 구획마다 그려진 불화, 보살도, 나한도, 신중도, 산수도, 화조도 등 여러 가지 장엄들이다. 공포와 공포 사이에 조성된 포벽에 불상, 보살상과 나한상이 그려져 있다. 특히 관심을 끄는 것은 백의관음에게 공례를 하는 남순동자와 이를 내려다보는 백의관음의 모습을 그린 것이다. 이와 같은 내용의 그림은 다른 불전에서는 찾아보기 어려운 것이다(그림 6-43 위). 이 밖에도 연꽃을 든 관음보살, 육환장을 짚고 있는 지장보살 등 다양한 보살들이 출현하고 있는데, 바람에 날리는 옷자락의 표현이 보살의 신성을 잘 드러내고 있다(그림 6-43 아래) (허균, 『사찰 100미 100선』, 불교문화사, 2007, 72쪽).

그림 6-43. 김제 금산사 미륵전 벽화 중 보살상. 위: 백의 관음보살상과 공례를 드리는 남순동자.
아래: 연꽃을 든 관음보살상과 육환장을 든 지장보살상

232

그림 6-44.
양산 통도사 용화전(경남 유형문화재 제204호)과
봉발탑(보물 제471호, 왼쪽 아래 사진)

양산 통도사 용화전(경남 유형문화재 제204호)은 건물 규모나 장식 그림에 있어서는 김제 금산사 미륵전에 비해 수준이 낮은 편이다. 용화전은 고려 공민왕 때 지어진 건물로, 조선 영조 이후 몇 차례 보수를 거치며 지금에 이르고 있다. 특히 그 앞에 세워진 석조 봉발탑(보물 제471호)에 의해 미륵 신앙의 징표로 그 의미가 강조된다(그림 6-44). 봉발대는 석가모니 부처님, 가섭존자 그리고 미륵 하생에 얽힌 이야기와 관련된 유적이다. 석존이 열반에 들기 전에 가섭을 불러 "56억 7,000만 년 후 미래에 미륵불이 오실 것이니 미륵불이 출현할 때까지 남아 있다가 내 법의 신표인 발우와 가사를 미륵부처님께 전하라"고 부촉했다. 봉발대 위에 올려놓은 석조 발우가 바로 미륵불이 하생할 때 가섭이 전하려고 했던 그 발우인 것이다.

이외에도 한국 미륵 신앙의 대표적 도량의 하나인 보은 법주사의 용화보전이 유명하다. 지금은 원래 건물은 없어지고 터만 남아 있지만 용화보전은 법주사의 정신을 상징하는 중심 법당이었다. 현재는 그 위에 33미터 청동대불이 조성되어 있다(그림 6-45).

금산사 미륵전, 통도사 용화전 등 몇 개의 미륵전을 제외하곤 일정 수준 이상의 건물을 찾아보기 어렵다. 그러나 국보 제308호로 승격된 해남 대흥사 북미륵암 마애여래좌상이 모셔진 북미륵암 용화전, 군위 대율동 석조여래입상(보물 제988호)이 봉안된 군위 대율사 용화전, 상주 석조천인상(보물 제661호)이 안치된 상주 신봉동 용화전 등은 그 안에 봉안된 불상의 문화재적 가치 때문에 중요시 된다(허균, 『사찰 100미 100선』, 불교신문사, 2007, 74쪽).

그림 6-45. 보은 법주사 용화보전 위에 세운 청동미륵대불

부처님의 사적 공간

영산전(靈山殿)

석가모니 부처님을 주불로 모시는 전각으론 대웅전과 영산전(靈山殿)을 들 수 있는데 대웅전이 가람 배치의 중심 역할을 하는 곳이라면 영산전은 부처님의 사적인 공간에 해당된다. 즉, 부처님의 일생을 주로 담고 있다고 볼 수 있다. 영산은 석가모니가 법화경을 설한 영취산의 준말로 불교의 대표적인 성지이다. 고대 인도 마가다국의 수도인 라지그리하(왕사성) 주위에 있던 영취산을 사찰 안으로 가져오고자 한 것이 영산전이다.

부처님의 일생을 다루는 전각의 이름이 영취산에서 비롯되었다는 점이 흥미롭다. 물론 영취산은 부처님이 수행하시던 곳이고 특히 많은 시간 이곳에서 제자들과 생활하시며 법을 전하던 곳이기는 하지만 탄생, 성도, 설법, 열반의 4대 성지도 아니며, 위대한 기적으로 추가되는 8대 성지에도 들지 않기 때문이다. 부처님의 일생을 상징하는 곳으로 내세우기에는 역시 부족한 점이 있다. 그럼에도 부처님의 일생을 다루는 전각에 영취라는 명칭을 사용하는 것은 법화경을 소의 경전으로 삼는 중국 천태종 사상이 동북아 사찰 배치에 강력한 영향을 끼친 결과로 해석해 볼 수 있다(자현, 『사찰의 상징 세계』, 불광출판사, 2012, 208~209쪽).

영산전은 부처님의 생애를 주로 다루고 있기 때문에 전각 내부에는 중앙에 석가모니불을 중심으로 모시고 그 좌우에 미륵보살과 제화갈라보살(提和竭羅菩薩)을 모시는 소위 '삼세불' 형식을 취한다. 삼세불이란 과거의 제화갈라보살과 현재의 석가모니불 그리고 미래의 미륵보살을 말한다. 제화갈라보살은 연등불(燃燈佛)이 성불하기 전 보살일 때의 명칭이므로 삼세불은 연등불, 석가모니불, 미륵보살이 된다. 연등불은 이

미 부처가 된 분인데 부처 이전의 보살 이름을 사용하는 것은 좌측의 미륵보살과 균형
을 맞추기 위한 것으로 생각된다(그림 6-46). 불상 뒤에는 영산회상도가 후불탱화로 봉
안되며, 그 주위에 팔상도(八相圖)를 배치하는 것이 보통이다. 따라서 영산전을 팔상전
(八相殿)이라고도 한다.

　　　　　팔상(八相)은 부처의 생애 중 중요한 여덟 가지를 이르는데, 도솔내의(兜
率來儀), 비람강생(毘藍降生), 사문유관(四門遊觀), 유성출가(逾城出家), 설산수도(雪山
修道), 수하항마(樹下降魔), 녹원전법(鹿苑轉法), 쌍림열반(雙林涅槃)이 그것이다. 이 여
덟 가지를 그림으로 표현한 것이 팔상도(八相圖)이다. 도솔천에서 이 땅으로 내려와 룸
비니 동산에서 태어나고, 출가를 하고, 마귀에게 항복을 받은 후 깨달음을 얻어 성불하
며, 녹야원에서 최초의 설법을 하고, 사라쌍수 아래에서 열반에 든 것을 그림으로 간략

그림 6-47. 서산 개심사 팔상전 팔상도. **왼쪽**: 제1 도솔래의상(兜率來儀相). **오른쪽**: 제2 비람강생상(毘藍降生相)

히 표현한 것이다. 팔상도는 석가모니가 열반에 들고 백여 년 후부터 만들어진 것으로 알려지며, 처음에는 네 장면뿐이었으나 대승불교에서 여덟 장면으로 분화되었다고 한다. 우리나라의 팔상도는 대개 『불본행집경(佛本行集經)』의 설을 참고한 것으로, 『법화경』을 숭신하는 이들에 의하여 그 사상이 묘사되어 왔다. 전통적인 팔상도를 살펴보면 다음과 같다.

도솔래의상(兜率來儀相): 전생의 석가모니가 도솔천에서 살다가 흰 코끼리를 타고 이 세상에 내려온다. 이 그림에는 모두 네 가지 장면이 묘사된다. 마야 왕비가 의자에 앉아 흰 코끼리를 탄 호명보살이 내려오는 꿈을 꾸는 장면, 입태전(入胎殿)에서 입태되는 장면, 소구담이 도적으로 몰려 죽는 장면, 정반왕궁에서 왕과 왕비가 꿈에 대해 바라문에게 물어보는 장면이 표현된다(그림 6-47 왼쪽).

그림 6-48. 서산 개심사 팔상전 팔상도. 왼쪽: 제3 사문유관상(四門遊觀相). 오른쪽: 제4 유성출가상(踰城出家相)

비람강생상(毘藍降生相): 석가모니의 탄생 장면으로 모두 여섯 가지의 내용으로 이루어져 있다. 마야 부인이 궁전을 떠나 친정으로 가던 중 룸비니 동산에서 무우수 가지를 잡고 오른쪽 옆구리로 아기를 낳는 장면, 갓 태어난 석가모니가 하늘과 땅을 가리키며 '천상천하유아독존'이라고 하는 장면, 제천들이 기뻐서 갖가지 보물들을 바치는 장면, 아홉 마리의 용이 석가모니의 몸을 물로 깨끗이 씻는 장면, 왕궁으로 돌아가는 장면, 아시타 선인이 예언하는 장면이 묘사되어 있다(그림 6-47 오른쪽).

사문유관상(四門遊觀相): 석가모니가 사대문 밖에 나가 생로병사의 고통을 보고 인생의 무상을 느껴 출가를 결심하게 되는 동기를 묘사한 그림으로 모두 네 가지 장면이 표현된다. 동문 밖에서 노인을 보고 명상하는 장면과 남문 밖에서 병자를 보고 노고(老苦)를 느끼는 장면, 서문 밖에서 장례 행렬을 보고 인생의 무상함을 느끼는 장

그림 6-49. 서산 개심사 팔상전 팔상도. **왼쪽:** 제5 설산수도상(雪山修道相). **오른쪽:** 제6 수하항마상(樹下降魔相)

면, 북문 밖으로 나갔다가 수행하는 사문을 보고 출가를 결심하는 장면이 그것이다(그림 6-48 왼쪽).

　　유성출가상(踰城出家相): 부왕의 만류와 아내의 간청을 물리치고 몰래 백마를 타고 마부를 대동하여 왕성을 빠져나가는 그림으로 모두 세 가지 장면이 묘사되어 있다. 태자궁에서 태자를 유혹하는 시녀들이 취하여 잠자고 있는 장면, 태자가 말을 타고 성문을 뛰어넘는 장면, 마부 찬타카가 돌아와 태자가 떠났음을 알리자 왕비와 태자비가 그의 행방을 묻는 장면이 그려져 있다(그림 6-48 오른쪽).

　　설산수도상(雪山修道相): 석가모니는 여러 스승을 찾아 다녔으나 마침내 스스로 도를 깨칠 수밖에 없음을 알고 설산에 들어가 6년 동안 수행을 하는데 여기에는 모두 여섯 장면이 그려져 있다. 태자가 삭발하고 사문의 옷을 입는 장면, 마부가 돌아가

그림 6-50. 서산 개심사 팔상전 팔상도. 왼쪽: 제7 녹야전법상(鹿野轉法相). 오른쪽: 제8 쌍림열반상(雙林涅槃相)

는 장면, 정반왕이 교진여 등을 보내 태자에게 왕궁으로 돌아오기를 권하는 장면, 환궁을 거절하자 양식을 실어 보내는 장면, 농부의 딸이 태자에게 우유죽을 바치는 장면, 여러 스승을 찾아다니는 장면이 표현되어 있다(그림 6-49 왼쪽).

수하항마상(樹下降魔相): 석가모니가 수행하고 있을 때 마귀가 나타나 못된 짓을 저지르나, 결국 마귀의 항복을 받아내고 보리수 아래서 깨달음을 얻는 장면을 묘사한다. 여기에는 모두 네 가지 장면이 그려져 있다. 마왕 파순이 마녀로 하여금 태자를 유혹하는 장면, 마왕의 무리가 코끼리를 타고 태자를 위협하는 장면, 마왕이 80억의 무리를 모아 태자를 몰아내려 하는 장면, 마왕의 항복을 받아 성도하는 장면이 표현되어 있다(그림 6-49 오른쪽).

녹야전법상(鹿野轉法相): 부처가 된 석가모니가 녹야원에서 다섯 비구에게

그림 6-51. 보은 법주사 팔상전(국보 제55호)

그림 6-52. 보은 법주사 팔상전 내부

법을 전하는 장면으로 구성된다. 상단에는 석가모니불이 설법하는 장면, 하단에는 교진여 등 다섯 비구들이 설법을 듣는 장면, 기원정사를 건립하는 장면, 흙장난을 하던 아이들이 흙을 쌀로 생각하고 부처에게 공양하자 탑으로 바뀌는 장면이 그려져 있다(그림 6-50 왼쪽).

쌍림열반상(雙林涅槃相): 80세에 이른 석가모니가 쿠시나가라 성 근교에 쌍으로 자란 사라수 밑에서 열반에 드는 것을 묘사하는데 모두 세 장면으로 구성된다. 사라쌍수 아래에서 열반에 드는 모습, 금관에 입관된 부처가 제자 가섭의 문안을 받고 두 발을 관 밖으로 내보이는 장면, 다비하여 사리가 나오자 여덟 나라의 왕들이 서로 차지하려고 다투는 장면이 그것이다(그림 6-50 오른쪽)(한국박물관연구회,『한국의 박물관: 불교』, 2000, 문예마당).

현존하는 문화재급 영상전, 팔상전으로는 보은 법주사 팔상전(국보 제55호), 양산 통도사 영산전(보물 제1826호), 공주 마곡사 영산전(보물 제800호), 순천 송광사 영산전(보물 제303호), 영천 은해사 거조암 영산전(국보 제14호) 등을 들 수 있다.

보은 법주사 팔상전은 우리나라 유일의 목조 5층탑으로, 높이는 22.7m이다. 법주사는 신라 진흥왕 14년(553년)에 창건되었고, 팔상전은 정유재란 당시 불에 타 없어진 후 선조 38년(1605년)부터 공사를 시작하여 인조 4년(1626년)에 완성된 것으로, 1968년의 해체 복원 공사를 거쳐 현재의 모습을 하고 있다. 벽의 사방에 각 면 2개씩 모두 8개의 변상도(變相圖)가 그려져 있어 팔상전이란 이름이 붙었다(두산백과에서 인용). 법주사의 법당 앞뜰의 중심부에 서 있는 이 건물은 평면이 정사각형인 단층 기단을 돌로 짜고 사방에 계단을 내었으며 탑신부는 5층의 목조건물로 되어 있다. 1층 탑신의 사방에는 출입구가 계단과 통하게 되어 있고 각층의 칸수는 1, 2층이 5칸 3, 4층이 3칸 그리고 5층이 2칸으로 줄어들었다(그림 6-51).

건물의 내부는 팔상도를 벽마다 걸고 가운데에 중심 기둥을 5층까지 질러 세웠으며 기둥 사면을 벽으로 처리하고 불단을 마련하였다. 따라서 팔상전 내부는 사방 어느 곳에서나 출입이 가능하며 내부를 한 바퀴 돌 수 있다. 우리나라에서 가장 오랜 전통을 갖고 있는 대규모의 목탑 형식을 살필 수 있는 귀중한 건물로 주목 받고 있다(그림 6-52).

양산 통도사의 영산전은 남향으로, 좌우에는 극락전과 약사전이 각각 배치된다(그림 6-53 왼쪽). 창건 연대는 확실치 않으며, 현재의 건물은 숙종 30년(1704년) 송곡 대사에 의하여 중건된 뒤 여러 차례 보수를 거친 것이다. 이 전각에서 독특한 점은

그림 6-53. 양산 통도사 영산전(보물 제1826호)과 내부 견보탑품도(見寶塔品圖, 보물 제1711호, 오른쪽 사진)

내부 벽화이다. 다보탑을 비롯하여 양류관음(楊柳觀音)과 나한상, 여러 경설(經說)의 내용 등을 벽화로 꾸며놓았는데 작품성이 매우 뛰어난 것으로 평가된다. 이곳에 봉안된 팔상도는 영조 51년(1775년)에 그려졌다고 하며 조선 시대를 대표하는 최대의 팔상도로 알려져 있다.

내부 벽화 중 견보탑품도(見寶塔品圖, 보물 제1711호)는 『법화경』 견보탑품에 나오는 다보탑을 형상화한 것으로서, 석가모니가 『법화경』을 설할 때 갑자기 칠보로 찬란하게 장식된 큰 탑이 땅에서 솟아났는데 그 안에 앉아있던 보정세계(寶淨世界)의 부처인 다보여래가 보탑 속 자리의 반을 석가모니 부처님께 내주자 석가모니가 탑 안으로 들어가 사자좌에 결가부좌했다는 내용을 표현하였다. 이 벽화는 서벽의 3면에 걸쳐 그려져 있는데, 중앙에는 화려하고 거대한 보탑 안에 석가여래와 다보여래가 나란히 자리를 나누어 앉아 있는 이불(二佛) 병좌(竝坐)의 모습을 표현하였으며, 좌우에는 서운(瑞雲) 속에 상반신만을 드러낸 채 보탑을 향해 합장하고 있는 보살, 제자, 용왕, 용녀, 금강 등을 배치하였다. 보탑은 11층으로, 탑신과 지붕돌에는 화려한 영락과 풍경이 장

그림 6-54. 왼쪽: 공주 마곡사 영산전(보물 제800호). 오른쪽: 영천 은해사 거조암 영산전(국보 제14호)

엄되어 있다. 국내에서 유일한 견보탑품 벽화이다(그림 6-53 오른쪽). 세밀한 인물 표현, 유려한 필선, 안정된 구도, 부드럽고 장엄한 색조 등에서 뛰어난 화격(畵格)이 느껴진다(양산 통도사 영산전 벽화; 한국민족문화대백과, 한국학중앙연구원).

공주 마곡사 영산전(보물 제800호)은 마곡사 건물 가운데 가장 연대가 오래된 법당이다. 정면 5칸, 측면 3칸 건물로 640년(신라 선덕여왕 9년, 백제 무왕 41년)에 자장 율사(慈藏律師)가 창건하였다고 하며, 고려 시대 명종 때 보조 국사가 중수한 것을 비롯하여 몇 차례 손질을 하였다(그림 6-54 왼쪽). 조선 세조가 친히 이 절에 와서 '靈山殿'이라는 판액(板額)을 써서 하사한 것이 오늘에 이른다고 한다.

영천 은해사 거조암 영산전(국보 제14호)은 해체 보수 시에 발견된 묵서명에 의하면 고려 우왕 원년(1375년)에 건립되었으며 여러 차례 중수 되었다고 한다. 소박하고 간결한 주심포계 형식을 취하고 있는 조선 초기에 중수한 건물인데 많은 부분이 변형된 것으로 보인다(그림 6-54 오른쪽). 내부에는 석가모니불상과 526분의 석조 나한상을 모시고 있다.

그림 6-55. 순천 송광사 영산전(보물 제303호)과 내부(아래 사진)

순천 송광사 영산전(보물 제303호)은 경내의 남서쪽 낮고 좁은 터 위에 약사전과 나란히 서 있는 불전으로, 정면 3칸, 측면 2칸의 단층 다포계 겹처마 팔작지붕 건물이다. 정면 길이가 21자밖에 되지 않는 소규모 건물이다(그림 6-55 위). 내부에는 뒷벽 중앙에 불단을 설치하여 금분을 입힌 목조여래좌상(1780년 작)을 봉안하고, 불상 뒤에는 영산회상도(1725년 작)를 걸어 놓았고, 후불벽 좌우 및 좌우 측면벽에는 팔상도 8폭(1725년 작)을 봉안하였다(그림 6-55 아래).

2 보살이 계신 곳

현세의 고통을 구제하는 관세음보살 상주처
관음전(觀音殿)

관세음보살은 고통에 허덕이는 중생이 일심으로 그 이름을 부르기만 해도 그 음성을 듣고 근기에 맞는 모습으로 나타나 대자대비의 마음을 나타내 구제해준다는 보살이다. 관음보살은 아미타부처님의 좌협시 보살로 봉안하는 것이 보통이나, 별도로 마련된 건물에 단독으로 모시기도 한다. 관세음보살을 모신 전각을 관음전이라 하며 원통전(圓通殿) 또는 보타전(寶陀殿)이라고도 부른다. 불교 의례의 하나인 관음청 거불(擧佛) 내용을 보면 "나무 원통교주(圓通敎主) 관세음보살(觀世音菩薩)"이라고 관음보살을 부르고 있는데, 여기서 '원통'이란 이근원통(耳根圓通)을 줄인 말이다. 이근이란 소리를 듣는 귀를 말함이며, 원통은 중생의 모든 소리를 다 듣고 중생의 문제와 고통을 막힘 없이 다 해결해준다는 의미이다. 또한 관음전을 보타전이라고 하는 것은 관음보살의 주처(住處)가 인도 남해에 있다는 보타락카(Potalaka) 산인 것과 관련이 있다(허균, 『사찰 100미 100선』, 불교신문사, 2007, 75~76쪽).

그림 6-56. 안동 개목사 원통전(보물 제242호)

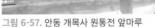

그림 6-57. 안동 개목사 원통전 앞마루

관세음보살은 자비의 화신으로 중생의 모든 소원을 다 듣고 구제해주신다는 믿음 때문에 일반 대중에겐 가장 친숙한 신앙 대상이 되었다. 억불정책으로 불교가 탄압받던 조선 시대에도 신분의 고하를 막론하고 관음신앙은 민중 속에 깊이 퍼져 있었다. 따라서 관음전은 지장전과 함께 우리나라 보살전(菩薩殿) 중 가장 흔한 전각이 되었다. 현존하는 관음전 중 문화재적 가치가 높은 것으로는 안동 개목사 원통전(보물 제242호), 보은 법주사 원통전(보물 제916호), 양산 통도사 관음전(경남 유형문화재 제251호), 승주 선암사 원통전(전남 유형문화재 제169호) 등이 있다

안동 개목사 원통전(보물 제242호)은 정면 3칸 측면 2칸의 규모이며, 맞배지붕에 주심포 양식의 공포를 하고 있다(그림 6-56). 개목사 원통전은 1969년 해체, 수리 시 발견한 상량문에 의하면 '천순원년(天順元年)'이라는 글귀가 있어 세조 3년(1457년)에 지은 것으로 추정하고 있다. 개목사 원통전은 특이하게도 측면에서 볼 때 전면에 툇간을 달아 맞배지붕의 박공 면이 전면으로 길게 나와 있다(그림 6-57). 대부분의 불전은 마루가 없는데 전면에 마루를 가진 불전으로는 개목사 원통전과 더불어 강화 정수사 대웅전과 안동 봉정사 대웅보전에 불과하다(그림 6-10). 내부와 툇간 바닥은 마루를 깔고 내부 중앙 칸 후면에는 조그마한 불단을 마련하여 그 위에 관음보살좌상을 안치하였다.

보은 법주사 원통보전(보물 제916호)은 팔상전과 대웅전 사이 중심축의 왼쪽에 자리 잡은 전각이다. 인조 2년(1624년) 벽암(碧巖) 대사가 중창한 이래 여러 차례 수리를 거쳐 오늘에 이른 건물이다. 원통보전은 정면 3칸, 측면 3칸으로 정면이 측면에 비해 약간 길지만 거의 정방형에 가까운 평면이다. 지붕은 중앙에서 4면으로 똑같이 경사가 진 사모지붕 주심포 양식 건물이다(그림 6-58).

원통전 안에는 목조관음보살좌상(보물 제1361호)이 모셔져 있다. 머리에는 화염보주(火焰寶珠)와 꽃무늬 등으로 장식된 높고 화려한 보관을 쓰고 있다. 양쪽 귀 부근과 가슴의 장식으로부터 천의(天衣) 자락이 신체의 좌우로 대칭적인 모습으로 흩날리고 있다(그림 6-59).

양산 통도사 관음전(경남 유형문화재 제251호)은 중로전(中爐殿) 구역에 있는 3개의 법당 중 하나로 가장 앞쪽에서 남향하고 있다. 정면 3칸, 측면 3칸 규모의 다포계 팔작지붕 건물로 영조 1년(1725년) 용암 대사(龍岩 大師)가 초창하고 그 뒤 여러 차례 보수하여 오늘에 이르고 있다(그림 6-60 왼쪽).

그림 6-58. 보은 법주사 원통보전(보물 제916호)

그림 6-59. 보은 법주사 원통보전 목조관음보살좌상(보물 제1361호)

그림 6-60. 왼쪽: 양산 통도사 관음전(경남 유형문화재 제251호). 오른쪽: 대구 파계사 원통전(대구 유형문화재 제7호)

그림 6-61. 대구 파계사 원통전 내부. 왼쪽: 수미단(대구 유형문화재 제73호)과 건칠관음보살좌상(보물 제992호).
오른쪽: 불상 뒤의 영상회상도(보물 제1214호)

대구 파계사 원통전(대구 유형문화재 제7호)은 임진왜란 때 소실된 것을 선조 38년(1605년)에 중건하고, 숙종 21년(1695년)에 다시 고쳐서 오늘에 이르고 있다. 정면 3칸, 측면 3칸의 맞배지붕으로 일반적인 조선 후기 건축 양식을 갖추고 있다(그림 6-60 오른쪽). 원통전 안에는 영천 은해사 백흥암 극락전의 수미단과 같은 형태로 정교하게 무늬를 새겨 넣은 수미단(대구 유형문화재 제73호)을 만들고 그 위에 화려하고 정교한 꽃 장식 화관을 쓰고 있는 건칠관음보살좌상(보물 제 992호)을 유리상자 안에 봉안하고 있다(그림 6-61 왼쪽). 불상 뒤에는 영산회상도 (보물 제1214호)가 걸려있다(그림 6-61 오른쪽). 최근 개금불사(改金佛事) 중 발견된 복장(復藏) 발원문(發願文)에 조선 세종 29년(1447년)에 중수되었음이 밝혀져 늦어도 15세기 전반에 제작되었을 것으로 추정된다.

말법시대 중생 구제의 지장신앙 본처
지장전(地藏殿)

지장보살은 석가모니 부처님이 열반하신 후 미륵불이 올 때까지 무불시대 (無佛時代)의 중생을 교화하는 임무를 위임 받은 보살이다. 흔히 지장보살을 지옥에서 고통 받는 중생만을 구제하는 보살로 알고 있으나 이는 지장보살의 특정 능력을 너무 일 반화해서 생긴 오해이다. 마치 약사여래가 중생의 질병만을 고쳐주는 부처로 오해하는 것과 같다. 약사여래가 병고를 비롯한 모든 문제를 해결해 주듯이 지장보살도 미륵불이 올 때까지 중생의 모든 문제를 해결해 준다. 다만 일의 경중에 따라 지옥 문제가 가장 큰 문제이므로 이 일에 더 매진할 뿐이다. 지장보살을 주존으로 모신 전각을 지장전이라고 하는데 우리나라에서는 명부전(冥府殿)이란 이름이 더 많다. 명부전은 이승과 저승 사 이에 있는 명부의 법정을 의미하는 것으로 시왕전(十王殿)이라고도 한다. 드물게 업경전 (業鏡殿), 대원전(大願殿)이란 편액을 단 전각도 있는데, 업경전은 전생의 업을 비춰보는 곳이라는 뜻이며 대원전은 지장보살의 본원을 나타내는 의미이다.

명부전 안에는 지장보살을 본존으로 좌우에 불, 보살을 보필하고 지옥중 생을 교화하는 도명존자(道明尊者)와 무관 차림의 무독귀왕(無毒鬼王)을 협시로 모시 고(그림 6-62 위), 그 좌우에 각 다섯 명씩 모두 열 명의 명부 시왕(十王)을 봉안한다(그 림 6-62 아래).

일반적으로 보살들이 화려한 보관과 여러 장신구를 하고 있는 것에 반해 지장보살은 승려의 모습을 하고 있다. 민머리에 석장을 들고 있는 모습으로 표현하는데, 깎은 머리가 파란색으로 처리되는 경우가 일반적이다(그림 6-63 왼쪽). 간혹 두건과 같 은 것을 덮어서 귀 뒤로 넘기는 피모지장(被帽地藏)으로 표현하기도 한다(그림 6-63 오

그림 6-62. **위:** 화순 쌍봉사 지장전 목조지장보살삼존상(전남 유형문화재253호).
아래: 강화 전등사 목조지장보살삼존상과 시왕상(보물 제1786호)

그림 6-63. **왼쪽:** 고창 선운사 도솔암 금동지장보살좌상(보물 제280호).
오른쪽: 강진 무위사 극락전 아미타여래삼존좌상(보물 제1312호)의 우협시 지장보살상으로 육환장을 들고 있다.

른쪽). 이런 특이한 형상 때문에 다른 보살들과 쉽게 구별된다. 손에 수정구슬과 같은 명주와 육환장을 들고 있다. 명주는 지옥 중생의 업보를 비추어보는 업경대 역할을 하는 물건인데 염라대왕의 업경대가 벌주기 위한 심판대라면 지장보살의 명주는 선업을 찾아 구제하기 위한 도구이다. 육환장은 지옥문을 두드려서 여는 도구로 사용된다.

명부전 내에 도열해 앉아 있는 시왕은 1. 진광왕(秦廣王), 2. 초강왕(初江王), 3. 송제왕(宋帝王), 4. 오관왕(伍官王), 5. 염라왕(閻羅王), 6. 변성왕(變成王), 7. 태산왕(泰山王), 8. 평등왕(平等王), 9. 도시왕(都市王), 10. 오도전륜왕(伍道轉輪王)이다. 보통 중앙의 지장삼존을 중심으로 왼쪽에 1, 3, 5, 7, 9왕을 오른쪽에 2, 4, 6, 8, 10왕을 배치한다(그림 6-64). 형상은 엄숙한 얼굴에 공복을 입고 원유관을 쓰고 손에 홀을 쥐고 있다. 제5 염라대왕의 머리에는 책을 얹어 놓고 있다(그림 6-64 위). 시왕상 앞에는 시왕을 시중드는 동자를 배치하며, 사자(使者), 녹사(錄事), 장군(將軍) 등의 상도 봉안한다. 대개의 경우 지장보살 뒤에는 지장탱화, 시왕상 뒤에는 시왕탱화를 봉안한다.

현존하는 명부전 건물은 다른 전각과는 달리 국보, 보물급 건물이 없다. 그러나 양산 통도사 명부전(경남 유형문화재 제195호), 서산 개심사 명부전(충남 문화재자료 제194호), 서울 흥천사 명부전(서울 유형문화재 제67호), 하동 쌍계사 명부전(경남 유형문화재 제123호), 구미 수다사 명부전(경북 유형문화재 제139호), 진주 청곡사 업경전(경남 문화재자료 제139호) 등은 건축적, 장식적으로 가치를 지니고 있다.

양산 통도사 명부전(경남 유형문화재 제195호)은 정면 5칸, 측면 2칸 규모의 다포식 팔작지붕 건물로 현 건물은 1888년에 중건한 것이다(그림 6-65). 통도사 내의 여러 건물 중 조선 말기인 고종 때에 지어진 것으로 당시 건축 양식의 시대적 변모를 엿볼 수 있는 자료이기도 하다. 건물 외부의 포벽에는 여래도(如來圖)와 삼국지의 삼고초려(三顧草廬) 설화를 그림으로 표현한 다양한 벽화들이 그려져 있으며, 내부에도 봉황

그림 6-64. 강화 전등사 명부전 시왕상(보물 제1786호).
위: 지장삼존상 좌측에 나열한 1, 3, 5, 7, 9 왕. 머리에 책을 얹어 놓은 제5왕이 염라대왕이다.
아래: 지장삼존상 우측에 나열한 2, 4, 6, 8, 10왕

그림 6-65. 양산 통도사 명부전(경남 유형문화재 제195호)

그림 6-66. 서산 개심사 명부전(충남 문화재자료 제194호, 왼쪽 사진)과 내부 천장 및 철조지장보살좌상, 시왕상(오른쪽 사진)

이나 별주부전 등의 설화가 포벽에 그려져 있다.

　　　　서산 개심사 명부전(충남 문화재자료 제194호)은 정면 3칸, 측면 3칸 규모로, 지붕은 맞배지붕이다. 건물 안쪽은 천장의 뼈대가 그대로 드러나 있는 연등천장으로 되어 있으며 기둥이 없어서 넓어 보이는 공간에 지장보살좌상과 시왕상(十王像)을 모시고 있다(그림 6-66). 이 지장보살상은 조선 시대에는 매우 드문 철조보살상으로 되어 있어 특이하다(그림 6-66 오른쪽). 개심사 명부전은 효험이 있는 기도 도량으로 소문이 나서 많은 불자들이 찾는다. 특히 명부전 앞에 있는 청벚꽃은 4월 마지막 주에 만개하는데 우리나라에 이곳에만 있을 뿐만 아니라 연둣빛 색깔이 아름답고 겹벚꽃으로도 유명하다(그림 6-67). 이외에도 20여 그루의 겹벚꽃이 백색과 연분홍, 진분홍, 옥색, 적색 등 5가지 색을 띠고 있어 아름답기 그지없다. 4월 말이면 시간을 내서 서산 개심사를 참배하시길 권한다. 명부전에 들러 소원성취 기도도 하고 만개한 청벚꽃도 감상하시면 그야말로 일거양득이 아닐까?

그림 6-67. 서산 개심사 명부전 앞 청벚꽃

3 부처의 제자, 수호신을 모신 곳

나한전(羅漢殿)

　　나한전(羅漢殿)은 부처님의 제자인 나한을 모신 법당이다. 나한은 아라한 (阿羅漢)의 약칭으로 성자(聖子)를 뜻한다. 아라한은 공양을 받을 자격[應供]을 갖추고 진리로 사람들을 충분히 이끌 수 있는 능력[應眞]을 갖춘 사람들이므로, 나한전을 응진 전(應眞殿)이라고도 한다. 이 아라한은 천안명(天眼明)·숙명명(宿命明)·누진명(漏盡明) 의 삼명(三明)과 천안통(天眼通)·천이통(天耳通)·타심통(他心通)·신족통(神足通)·숙 명통(宿命通)·누진통(漏盡通)의 육신통(六神通), 8해탈법(解脫法) 등을 모두 갖추어 서 인간과 천인들의 소원을 속히 성취시켜 주는 복전(福田)이라고 하여 일찍이 신앙대상 이 되었다. 부처에게는 16명의 뛰어난 제자들이 있어 이들을 16나한이라 한다. 그 때문 에 나한전에는 석가모니를 주존으로 좌우에 아난(阿難)과 가섭(迦葉)이 봉안되어 있으 며(그림 6-68 위), 그 좌우로 16나한이 자유 자재한 형상으로 배치되어 있다(그림 6-68 아래).

그림 6-68. **위:** 순천 송광사 승보전의 석가모니불과 좌우의 가섭존자와 아난존자상.
아래: 합천 해인사 응진전의 16나한상

그리고 끝부분에 범천과 제석천을 함께 봉안하는 것이 나한전의 가장 일반적인 형태이다. 석가모니불 좌우에 가섭존자와 아난존자 대신 문수보살과 보현보살을 협시하고 그 좌우로 16 나한을 배치하기도 한다(그림 6-69). 16나한은 후불탱화로 그려 봉안하는 경우도 많은데, 이 경우에는 불단에 나한상이 없다. 후불탱화에는 16나한도 이 외에 영산회상도 역시 많이 그려져 있는 것을 볼 수 있다. 경우에 따라서는 오백 나한을 모신 곳도 있는데, 이것은 부처가 열반한 후 가섭이 부처가 생존했을 때의 설법 내용을 정리하기 위해 회의를 소집했을 때 모인 비구가 5백 명인 데서 비롯된다(그림 6-70, 6-71).

그림 6-69. 포항 오어사 응진전 석가모니삼존불과 16나한상

그림 6-70. 청도 운문사 나한전의 오백나한상

그림 6-71. 경주 기림사 응진전 석가여래와 가섭존자, 아난존자(왼쪽 사진), 오백나한상(오른쪽 사진)

나한은 득도의 최고 경지에 이른 인물로서 불자들의 존경과 신앙의 대상이 되고 있는 것은 불보살과 다를 바 없지만, 그 상(像)이 풍기는 분위기는 큰 차이가 있다. 나한상에는 꾸밈이 없는 표정, 개성 넘치는 행동과 같은 인간적 면모와 함께, 심통을 부리기도 하고 때로는 장난도 서슴지 않는 나한의 이중적 성격이 그대로 나타나 있다(그림 6-72, 6-73). 부처나 보살은 대자대비의 화신으로 중생의 소원을 들어주고 고통에서 구제해줄 뿐 벌을 내리지는 않는데 비해 나한들은 복도 주지만 나쁜 짓 하는 중생에게는 벌도 내린다. 나한전은 대웅전과 같은 주 불전에서 좀 떨어져 한편에 비켜 서 있으므로 참배객들이 종종 지나치기 쉽다. 대웅전만 들러 참배하고 나한전이나 응진전 참배를 생략하면 나한님이 노해서 벼락을 내리거나 심통을 부린다는 속설이 있으므로 참배객들은 꼭 잊지 말고 예를 드리기 바란다.

우리나라에서는 나한에게 정성을 다하여 기도하면 반드시 소원이 성취된다고 하여 나한 신앙이 성행하고 있다. 대표적인 나한도량으로는 청도 운문사(雲門寺), 완주 봉서사(鳳棲寺), 서울 수유동 삼성암(三聖庵) 등을 꼽을 수 있다.

그림 6-72. 춘천 청평사 나한전 나한상

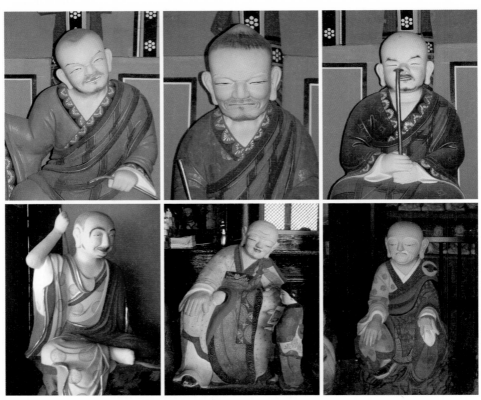

그림 6-73. 나한상의 여러 모습. **위:** 부안 개암사 응진전 나한상.
왼쪽 아래: 김제 금산사 나한전 나한상. **아래 가운데 및 오른쪽:** 완주 송광사 나한전 나한상

266

나한전은 대웅전과 달리 좁은 폭의 불단을 ㄷ자형으로 배치하여 부처와 나한을 차례로 봉안하고, 깨달음의 정도가 낮은 나한을 주 대상으로 하기 때문에 불단을 장식하지도 않고 절집을 장엄하지도 않는다. 위치도 주 불전에서 떨어진 자리에 두고, 건물의 외양도 주 불전보다 격이 낮게 한다. 나한 신앙은 중국, 일본, 한국에서 크게 성행하였는데, 이 때문에 한국의 사찰에도 나한전이 많이 건립되었다. 그중 가장 유명한 것은 경상북도 울진군에 있는 불영사(佛影寺) 응진전이다. 이 건물은 보물 제730호로 지정된 문화재로 매우 아름답고 화려한 모습을 보여주고 있다(그림 6-74). 또 전북 완주군

그림 6-75. 완주 송광사 나한전(왼쪽 사진)과 오백나한상(오른쪽)

그림 6-76. 왼쪽: 영주 성혈사 나한전(보물 제832호). 오른쪽: 경주 기림사 응진전(경북 유형문화재 제214호)

의 송광사(松廣寺)에는 대웅전 뒤쪽에 특이한 양식을 한 오백나한전이 자리 잡고 있으
며(그림 6-75). 이밖에 영주 성혈사 나한전(보물 제832호, 그림 6-76 왼쪽), 하동 쌍계사
나한전(경남 유형문화재 제124호), 경주 기림사 응진전(경북 유형문화재 제214호, 그림
6-76 오른쪽) 등이 유명하다.

불법을 수호하는 삼성각(三聖閣),

산신각·칠성각·독성각

삼성각(三聖閣)은 불교 사찰에서 산신(山神), 칠성(七星), 독성(獨聖)을 함께 모시는 건물로 보통 사찰의 주 불전 뒤쪽 언덕 위에 자리한다(그림 6-77). 각 신앙의 존상과 탱화를 모시는데 탱화만 모시는 경우도 많다. 탱화는 가운데 칠성탱화를 중심으로 그 좌우로 산신탱화와 독성탱화를 봉안한다(그림 6-78, 6-79). 삼성을 따로 모실 경우에는 산신각, 독성각, 칠성각 등의 전각 명칭을 붙인다. 삼성을 함께 모실 때는 정면 3칸, 측면 1~2칸 건물을 짓고 따로 모실 때는 정면 1칸, 측면 1칸의 작은 건물을 짓는다. 삼성은 모두 불교 밖에서 수용한 신이며 하근기(下根機) 중생을 위한 방편으로 도입된 것이므로 그 건물의 이름을 전(殿)이라 하지 않고 각(閣)이라 한다.

그림 6-77. **왼쪽:** 논산 관촉사 삼성각. 미륵전 뒤 언덕 위에 있다.
오른쪽: 공주 갑사 삼성각(충남 문화재자료 제53호). 이 건물은 대웅전 오른쪽에 자리하고 있으며,
정면 3칸 측면 2칸의 맞배지붕 건물로 안에 삼성탱화가 봉안되어 있다.

그림 6-78. 영광 불갑사 칠성각 내부. 가운데 부처님과 칠성탱화를 중심으로 그 좌측에 산신상과 산신, 호랑이, 소나무, 동자가 그려진 산신탱화, 우측에는 나반존자상과 독성(나반존자), 동자, 승려와 천태산이 그려진 독성탱화가 걸려있다. 칠성각인데 안에는 삼성의 존상과 산신탱화를 봉안한 점이 특이하다.

그림 6-79. 공주 갑사 삼성각 안의 삼성탱화. 가운데 칠성탱화를 중심으로 그 좌우에 산신탱화와 독성탱화를 봉안하고 있다.

그림 6-80. **왼쪽**: 파주 보광사 산신각. **오른쪽**: 포항 오어사 산령각

삼성은 각각 재물, 수명, 복을 관장하는 존재로서, 불교가 한국 사회에 전파되면서 대중 속에 이미 널리 신앙되고 있던 고유의 토속신앙을 받아들이면서 불교와 합쳐져 생긴 신앙 형태이다.

산신각(山神閣)은 산신을 모시는 전각으로 산령각(山靈閣)이라고도 부른다. 산신은 원래 불교와 관계가 없고, 불교가 전해지기 전에 믿던 토착신이다. 한국은 산지가 많아 신라 시대부터 산신 신앙이 널리 유행하였다. 그러나 산신 신앙은 불교 경전에서는 그 근거를 찾아볼 수 없으며, 우리나라 특유의 산악숭배 신앙과 관련이 깊다. 불교 전래 과정 중 이 산신이 불교에 수용되면서 호법신중(護法神衆)의 하나가 되었다.

불교가 대중화되기 시작한 것은 삼국 시대부터이므로 산신도 비교적 일찍 불교에 수용되었을 것으로 여겨지나, 우리나라 초기 및 중기의 사찰에서는 산신각을 전혀 찾아볼 수 없다. 산신각이 세워진 것은 조선 중기 이후부터이다. 대개 주 불전의 뒤쪽에 세우며, 크기는 정면 1칸, 측면 1칸이 보통이다(그림 6-80). 산신각에는 호랑이와 노인의 모습으로 묘사한 산신을 봉안하거나, 이를 탱화로서 도상화한 그림만을 모시기도 하는데 대개 흰 수염, 대머리, 긴 눈썹이 휘날리는 모습으로 표현된다. 손에는 하얀 깃털 부채나 파초선, 불로초 등을 들고 있고 주로 봉래산, 영주산, 방장산 등의 삼신산을 배경으로 한다(그림 6-81)(두산백과에서 인용).

그림 6-81. 산신탱화. **왼쪽:** 홍천 수타사 삼성각 산신탱화. **오른쪽:** 포항 오어사 산령각 산신탱화

독성각(獨聖閣)은 사찰에서 독성을 모셔둔 전각을 일컫는다(그림 6-82 위). 독성은 스승 없이 혼자 깨달음을 얻은 성자를 일컫는 말로, 우리나라에서는 나반존자(那畔尊者)라 한다. 본래 부처의 제자로 아라한과(阿羅漢果)를 얻은 뒤 부처의 수기(授記)를 받았다. 그 후 남인도 천태산(天泰山)에 들어가 말세가 되면 중생의 복덕을 위해 세상에 나타나는 것으로 알려져 있다.

나반존자를 모신 전각은 우리나라에만 있다. 후불탱화로는 독성탱을 모시며 수독성탱(修獨聖幀) 또는 나반존자도라고도 부른다. 그림은 천태산과 소나무, 구름 등을 배경으로 희고 긴 눈썹을 드리운 비구가 오른손에는 석장(錫杖), 왼손에는 염주 또는 불로초를 들고 반석 위에 정좌한 모습이다. 동자가 차를 달이는 모습의 탱화도 있고,

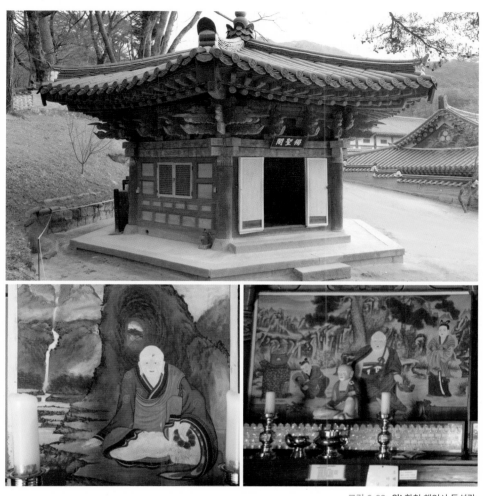

그림 6-82. **위: 합천 해인사 독성각.**
왼쪽 아래: 포항 오어사 삼성각 독성탱화. **오른쪽 아래:** 공주 갑사 삼성각 독성탱화

동자와 문신(文臣)이 좌우 협시로 등장하기도 한다(그림 6-82 아래). 우리나라의 독성각 중 잘 알려진 것은 경상북도 청도에 있는 운문사 사리암의 독성각과 서울 성북구 수유동의 삼성암이다(두산백과에서 인용).

칠성각(七星閣)은 사찰의 중요 도면에서 하단에 속하는 전각으로 도교에서 유래한 칠성신을 모신다. 칠성은 수명장수신(壽命長壽神)으로 일컬어지는 북두칠성을 뜻하며, 본래 중국의 도교 사상과 불교가 융합되어 생긴 신앙이다. 칠성신은 옛날부터 우리나라 민간에서 재물과 재능을 주고 아이들의 수명을 늘려주며 비를 내려 풍년이 들게 해주는 신으로 믿어왔다. 이 칠성신이 불교에 흡수되면서 처음에는 사찰의 수호신으로 자리잡았다가 점차 본래의 기능을 되찾아 별도의 전각인 칠성각에 모셔지게 되었다. 정면 1~2칸, 측면 1칸으로 대부분 규모가 작다. 칠성각은 우리나라 사찰에서만 볼 수 있는 특유의 전각 중의 하나로서, 한국 불교의 토착화 과정을 알 수 있는 자료가 된다. 우리나라 불교사의 초기 및 중기의 사찰에서는 칠성각을 찾아 볼 수 없으나, 조선 시대에 들어와서 차츰 나타나기 시작하여 현재는 전국 대부분의 사찰에 건립되어 있다(그림 6-83 위).

내부에는 칠성삼존불과 칠여래 등을 한데 그려 넣은 칠성탱화를 모신다. 치성광여래(熾盛光如來)를 중심으로 좌우에 일광보살은 붉은 해, 월광보살은 흰 달이 그려진 보관을 쓰고 시립하고 있다. 이 삼존불 좌우에 칠여래와 칠원성군이 배치된다. 또 남극노인성 등 하늘의 천체와 관련이 있는 신들이 나오는 경우가 흔하다(그림 6-83 아래)(두산백과, 한국민족문화대백과, 한국학중앙연구원 인용).

그림 6-83. 청도 운문사 칠성각과 칠성탱화(아래쪽 사진)

7장

법당 안은 어떻게 꾸미나

1 법당 안 살펴보기

우리나라 법당은 축대를 쌓아 단을 높이고 그 위에 건물을 세우는데 일반 한옥과는 달리 건물 앞마루가 없다. 따라서 계단을 통해 축대를 오른 뒤 문을 열고 바로 법당 안으로 들어간다. 보통 법당은 정면 3칸이고 중앙 칸(어칸) 문 앞에는 디딤돌을 놓아 그곳으로 출입하게 만들었으나 일반인 출입은 금하고 있다. 대신 양옆 측면에 쪽문을 내고 출입하도록 하고 있다. 그 이유는 알 수 없다. 업이 많은 중생의 삿된 기운이 부처님 자리로 직접 들어오는 것을 막고자 하는 의미인지, 아니면 성스러운 부처님을 정면으로 바라보며 들어가는 것이 예의에 어긋난다고 생각한 것인지 모르겠다. 부처님 마음으로는 불쌍한 중생이 당신을 찾아오는 것이 반갑고 기특해서 버선발로 맞으실 것 같은데…. 여하튼 이것이 우리나라 절집의 예절이므로 참배객들은 지켜야 한다. 물론 주 불전이 아닌 작은 전각은 정면으로 출입하기도 한다.

그림 7-1. 강화 전등사 대웅보전. 수미단, 석가모니삼계불, 닫집 및 후불탱화

법당에 들어서면 먼저 중앙 불단 위에 모셔놓은 부처님께 절을 올린다. 절은 보통 3배를 올리지만 사람에 따라서는 108배를 올리기도 한다. 절을 마친 뒤 좌복 위에 정좌하고 부처님을 바라보면 인자한 미소를 머금은 부처님한테서 마음의 위안을 얻는다. 잠시 참선을 해도 좋고, 간경이나 독경을 해도 좋고 기도문을 읽어도 좋다(소리는 내지 않는다). 이제 부처님께 예도 올렸고 기도도 마쳤으니 편안한 마음으로 법당 안을 천천히 살펴보자.

제일 먼저 눈에 들어오는 것은 불단(佛壇)과 그 위에 봉안된 불상이다. 불단은 법당 안 중앙 정면에 세우는데, 좌우로는 중앙이지만 전후로 볼 때는 후면으로 치우쳐 있어 앞면에 예불할 수 있는 공간을 확보하고 있다. 불단을 일명 수미단(須彌壇)이라고도 부르는데 석가모니 부처님이 어머니 마야 부인을 위해 설법한 곳이 수미산 정상이었다는 설화와 관련이 있다. 수미단은 정성을 다해 화려한 색채와 기이한 형태의 동식물 문양을 새겨 화려하게 장식하고 그 위에 본존불과 협시불 또는 협시보살상을 모신다(그림 7-1).

그림 7-2. 김천 직지사 대웅전 삼존불탱화(보물 제670호)

불단 위에 모시는 본존불은 법당의 이름에 따라 다르다. 즉, 대웅전에는 석가모니불, 대적광전에는 비로자나불, 극락전에는 아미타불, 약사전에는 약사여래를 모신다. 본존불 한 분만 모시는 경우도 있지만 대부분의 경우 본존불 옆에 협시보살 또는 협시불을 모셔 삼존불 형식을 취한다(8장 불상 참조).

불상 뒤에는 벽을 만들고 불화를 거는데, 이 불화를 후불탱화라고 한다. 후불탱화도 부처님에 따라 다르게 봉안한다. 대웅전에 모신 석가모니 삼존불의 후불탱

그림 7-3. 법당 안 불상 위의 닫집(여수 흥국사 대웅전)

화로는 석가여래가 영취산에서 제자들한테 설법하는 장면을 묘사한 영산회상도가 봉안된다(그림 7-1). 극락전 아미타불의 후불탱화로는 아미타삼존도를 모시고, 비로전과 약사전에는 각각 비로자나불탱화와 약불탱화를 모신다. 삼신불 또는 삼세불을 봉안할 경우에는 삼여래탱화로써 장엄한다(그림 7-2).

　　불상 머리 위 천장에는 공예품 같은 작은 건축물이 달려 있는데, 이것을 닫집이라고 한다. 닫집은 불상이 자리한 공간을 성스럽게 장식하려는 의도로 만든 것이므로 화려하게 장식하고 있다. 따라서 섬세하게 짜인 공포와 화려한 장식 그리고 허공에 매달린 기둥과 그 주위에 여의주를 입에 문 용, 극락조와 천인상 등이 화려하게 장식되어 있어 부처님에 대한 공경심이 일어나도록 하고 있다(그림 7-1, 7-3).

그림 7-4. 법당 안 천장 모습(논산 쌍계사 대웅전). **위:** 대들보 위에 용 머리와 몸통을 조각해 놓았다.
아래: 천장에 극락조가 매달려 있고, 보에 여러 가지 그림이 그려져 있다.

그림 7-5. 공주 갑사 대웅전 안 좌우 측벽의
신중단과 신중탱화(위쪽 사진), 영단과 감로탱화(아래쪽 사진)

천장을 바라보면 여러 가지 장식이 눈에 띈다. 기둥과 지붕 사이에서 지붕의 하중을 받쳐주는 구조를 공포라고 하는데 법당 안에도 공포가 노출되어 있고 화려한 단청이 눈에 띈다. 가장 흔히 볼 수 있는 것으로는 용인데 부처의 공간에 삿된 기운이 침범하는 것을 막는다는 의미도 있지만 화마로부터 보호한다는 의미가 더 큰 것 같다(그림 7-4 위). 천장에는 각종 무늬가 화려하게 채색되어 있고, 천인상이나 극락조들이 매달려 있다. 천장과 보에는 불화가 그려져 있기도 하다(그림 7-4).

법당 안 불단의 좌우 측면에 신중을 모시는 신중단과 신중탱화를 왼쪽에, 영가를 모시는 영단과 감로탱화를 오른쪽에 조성하고 있다(그림 7-5). 법당에 따라서는 사방 벽면에 벽화가 그려져 있기도 하다. 불단 뒤편에는 사람이 겨우 지나갈 수 있을 정도의 좁은 통로가 만들어져 있고 잡동사니 물품들이 보관된 경우가 많아 뜻 있는 분들의 눈살을 찌푸리게 한다. 각종 쓰레기가 널려 있는 것을 '부처님 뒤켠 같다'고 하는 말이 여기서 나온 듯하다. 그래도 한 번쯤은 불단 뒤편으로 돌아 볼 필요가 있다. 일부 사찰에서는 수월관음보살도를 비롯한 후벽 벽화(그림 7-6, 6장 그림 6-31)를 볼 수 있기 때문이다.

그림 7-6. 여수 흥국사 대웅전 불단 후벽 수월관음보살도(보물 제1332호)

2 불단(佛壇) 또는 수미단(須彌壇)

법당 안 중앙 정면에 부처님을 모시기 위해 만든 단을 불단(佛壇) 또는 수미단(須彌壇)이라고 한다. 불단을 일명 수미단이라고 부르는 것은 석가모니 부처님이 어머니 마야 부인을 위해 설법한 곳이 수미산 정상이었다는 설화와 관련이 있다.

석가모니의 어머니 마야 부인은 부처님을 낳은 지 7일 만에 세상을 떠나 도리천으로 올라갔다. 훗날 부처가 된 석가모니는 어머니를 위해 도리천 수미산에 올라가 설법을 하였는데, 여기서 수미단이란 이름이 나왔다. 우주의 중심에 우뚝 솟은 거대한 산을 의미하는 수미산은 부처님이 사바세계의 중심 가운데 가장 높은 곳에 있음을 상징하는 것으로, 이 수미산 전체를 함축해 보여주는 것이 수미단이라고 생각하면 된다. 결국 수미단이라는 것은 불교의 우주관을 대변하는 수미산을 형상화한 데서 붙여진 이름이다. 사바세계의 가장 높은 곳, 천상의 부처님을 향하여 지상의 인간이 다가가고자 하는 공간적인 구성을 상징적으로 나타내고 있는 것이다. 지상에서 천상에 이르기까지 수평으로 펼쳐놓은 것이 사찰의 가람 배치라면, 수미단은 천상의 세계를 수직으로 펼쳐놓은 것으로 생각하면 이해가 빠를 것이다(허상호, 『불교문화서5. 수미단』, 대한불교진흥원, 2010, 13~14쪽).

그림 7-7. 대구 파계사 원통전 수미단(대구 유형문화재 제73호). 하대 위에 3단으로 나눈 중대가 있고
그 위에 상대가 있으며 상대 위로 수미좌를 만들어 불상을 봉안하고 있다.

그림 7-8. 강화 전등사 대웅보전 수미단 중대. 중대를 3단으로 나누고,
나뉜 각 단은 다시 가로로 여러 칸으로 나누는데 아래 위가 서로 어긋나는 형식이다.

수미단은 정방형 또는 장방형 형태로 수미산의 모습을 상징하고, 상대, 중대, 하대의 3단 형식으로 만들고, 그 위에 1~2단의 수미좌를 만들어 불상을 봉안한다(그림 7-1, 7-7). 중대를 다시 3단으로 나누고 나뉜 각 단은 다시 가로로 여러 칸으로 나눈다. 그 구성을 보면 위아래 단이 어긋나는 형식이다(그림 7-8). 수미단은 부처님을 모시는 곳이므로 정성을 다해 장식한다. 이러한 장식은 단순한 치장에 머물지 않고 신령계의 환상적인 동물, 현실 세계의 길상 상징물 그리고 불교적인 상징들이 어우러져 환상적인 수미산의 모습을 법당 내에 구현하고 부처님의 깨달음의 세계를 선과 미로써 장엄하고 있다(그림 7-9)(허균, 『사찰 100미 100선』, 불교신문사, 2007; 허균, 『사찰 장식 그 빛나는 상징의 세계』, 돌베개, 2003).

수미단 중대 상중하 3단의 직사각형 칸 속에는 신심과 기예가 어우러진 연화문, 구름문, 길상문 등이 반복적으로 새겨지며, 부처님 공덕을 찬탄하는 꽃들이 등장한다. 그뿐만 아니라 모란, 국화, 매화 등 형형색색의 아름다운 꽃들이 상중하 각 단마다 나타나 부처님께 꽃 공양을 올린다(그림 7-9). 여기에 수미산의 구산(九山)에 살고 있는 짐승들, 팔해(八海)에 있는 해상 동물이 조각되어 있고 상서로운 새들과 스님상, 동자상, 사천왕상, 비천상, 도깨비상 등이 등장해 부처님의 법문을 찬탄한다(그림 7-10)(허상호, 『불교문화총서 5. 수미단』, 대한불교진흥원, 2010).

현존하는 불단 중 장식의 내용, 조각 솜씨, 예술성 등에서 높은 수준을 꼽는다면, 영천 은해사 백흥암 극락전, 강화 전등사 대웅보전, 경산 환성사 대웅전, 대구 파계사 원통전을 들 수 있다.

영천 은해사 백흥암 극락전 수미단(보물 제486호)은 조선 후기(17세기 중반)에 만들어진 것으로 현존하는 수미단 중에서 문양의 다양성과 조형미, 조각 기법 등 여러 방면에서 뛰어난 작품으로 평가 받고 있다. 전면과 양 측면을 돌아가며 환상적인

그림 7-9. 대구 파계사 원통전 수미단(대구 유형문화재 제73호) 중대 좌우 측면

그림 7-10. 대구 파계사 원통전 수미단(대구 유형문화재 제73호) 중대 전면

색채와 신비로운 형상의 동물들과 새, 꽃들이 특색 있게 칸칸이 부조되어 있다. 일반적인 수미단 장식과 달리 금니(金泥)를 사용한 점, 연꽃보다 모란꽃 문양을 많이 활용한 점, 장식성이 강한 표현 등에서 궁정 취향이 강하게 느껴진다. 또 제작 기법도 독특하여, 얇은 판자에 문양을 투각하면서 가장자리를 둥글게 처리해 부조 효과를 낸 것이 특징이다(허상호, 『불교문화총서 5. 수미단』, 대한불교진흥원, 2010, 145쪽).

중대 3층에는 학을 중심으로 봉황, 공작, 꿩처럼 하늘을 나는 천상계의 조류들이 형형색색의 꽃들과 함께 조각되었고(그림 7-11), 2층에는 황룡을 중심으로 서기가 가득한 용과 그곳을 노니는 동자 그리고 수중세계의 화생의 의미로 물고기를 연꽃을 배경으로 조각했다(그림 7-12). 또 중대 1층에는 꽃잎 속에 사자를 중심으로 하나의 뿔을 앞세워 거침없이 달리는 기린과 코끼리, 상상 속의 동물인 얼룩말 등 발 달린 영수들이(그림 7-13), 제일 아랫단 양쪽 끝에는 도깨비 얼굴이, 가운데는 용이 조각돼 있다.

중대의 양 측면에는 전면에 현실의 길상 상징물과 다른 인비인(人非人)의 환상적 동물을 배치한 특이한 구조이다. 동측면은 모란을 배경으로 봉황과 기린, 인두어신(人頭魚身), 물고기 등을 배치하고(그림 7-14), 서측면(그림 7-15)은 연봉을 손에 쥔 인두조신(人頭鳥身)과 가릉빈가, 날개가 달린 익룡(翼龍), 자라의 몸을 한 하동 등 신화 속 상상의 동물들이 기이하고 초현실적인 소재거리로 불려와 부처님 오르신 자리를 차곡차곡 메웠다.

전등사 수미단(인천 유형문화재 제48호)은 가로 480cm, 세로 118cm, 폭 200cm로 17세기에 제작된 것으로 추정된다. 맨 하단 받침부 몰딩 사이에 불법(佛法) 수호신격인 도깨비와 같은 문양이 익살스럽게 조각되어 있고, 중간 부분 장판에는 꽃·나무·새·당초문·보상화문·상상의 동물 등이 화려하게 투각되어 있는 등 문화재적 가치가 크다(그림 7-8).

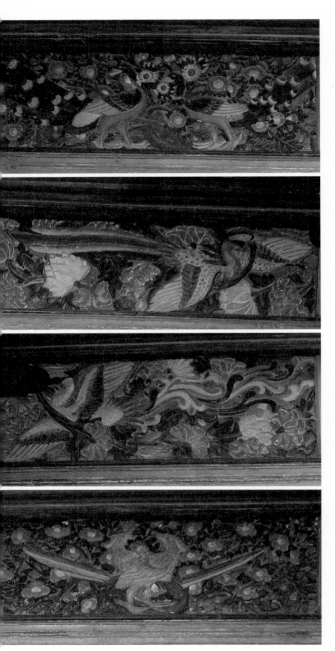

그림 7-12. 영천 은해사 백흥암 극락전의 수미단(보물 제486호).
중대 2층의 확대 사진. 황룡과 동자, 연꽃과 물고기가 조각되어 있다.

그림 7-11. 영천 은해사 백흥암 극락전의 수미단(보물 제486호).
중대 3층의 확대 사진

그림 7-13. 영천 은해사 백흥암 극락전의 수미단(보물 제486호).
중대 1층의 확대 사진

그림 7-14. 영천 은해사 백흥암 극락전 수미단(보물 제486호) 동측면

그림 7-15. 영천 은해사 백흥암 극락전 수미단(보물 제486호) 서측면

그림 7-16. **위:** 청도 운문사 대웅보전 수미단. **아래:** 안동 봉정사 대웅전 수미단

이외에도 양산 통도사 대웅전, 부산 범어사 대웅전, 창녕 관룡사 대웅전, 대구 파계사 원통전, 청도 운문사 대웅보전(그림 7-16 위) 안동 봉정사 대웅전(그림 7-16 아래), 김천 직지사 대웅전, 고성 운흥사 대웅전 등을 들 수 있다.

사찰 참배를 오래 하다 보니 여러 가지 일이 있었지만 은해사 백흥암 극락전 수미단을 참배하고 사진을 찍었던 일은 두고두고 기억에 남아 소개하고자 한다. 2005년 11월 말경으로 기억하는데 경주에서 학회를 마치고 귀경길에 아침 일찍 택시를 대절해서 영천 은해사 백흥암을 찾았다. 극락전 수미단을 보고 사진 찍고 싶은 마음에 험한 산길 속으로 달려왔는데, 이를 어쩌랴, 참선 수행 도량이므로 일반인 출입이 안 된다고 한다. 굳게 닫힌 보화루 앞에서 서운한 마음을 달래고 뒤돌아서려 하는데 마침 젊은 비구니 스님 몇 분이 김장거리를 들고 나오다가 나를 보고 어디서 왔느냐고 친절하게 묻는다. 서울 사는데 경주 왔다가 가는 길에 극락전 수미단을 꼭 보고 싶어 이른 아침에 택시를 대절해서 왔으나 인연이 없어 되돌아간다고 했더니 안쓰러운 표정으로 잠시 내 얼굴을 살펴보고 나서 잠시 기다려 보라 한다. 잠시 후 선원장께서 허락하셨다며 들어오란다. 고색창연한 극락전 안으로 들어가니 불단을 꾸민 수미단이 그야말로 일품이다. 수미단을 장식하는 꽃, 동물, 물고기 등 조각이 아름답다. 지금까지 본 수미단 중 가장 아름다웠다. 극락전을 나오니 비구니 스님이 선원장께 안내한다. 60줄은 넘어 보이는 비구니께서 차를 직접 대접해 주시면서 이런저런 얘기 끝에 석남사 주지로 있었을 때 불사하던 때 있었던 일화를 말씀하신다. 시주가 적어 공사를 못하고 있어 고심 끝에 재벌급 불자들께 진심 어린 편지를 보내고 열심히 기도했단다. 얼마 지나지 않아 모 재벌 사모님으로부터 보시금이 들어와 무사히 불사를 마쳤다고 하면서 무슨 일이든 지극정성으로 기도하면 안 되는 일이 없다고 하셨다. 그냥 지나쳐 듣기에는 가슴에 와 닿는 바가 많았다. 벌써 11년이 지났으니 세월은 참 무상하다. 그때 차까지 대접해주시던 선원장과 젊은 비구니 스님들은 득도했을까? 다시 가서 좋은 카메라로 더 좋은 사진을 찍고 싶은데, 이 또한 욕심이겠지만 인연이 있을런지!

3 닫집

불상을 봉안한 건물, 즉 전각에 들어서면 불상 위에 집 모양의 작은 건축물이 천장에 달려 있는데, 이것을 보통 닫집이라 부른다. '닫'은 '따로, 한데 어울리지 않고'란 뜻의 옛말이므로 집 안에 '따로 지어 놓은 또 하나의 집'이란 뜻이 된다. 오늘날 우리가 보는 닫집은 섬세하게 짜인 공포와 화려한 장식 그리고 허공에 매달린 기둥을 특징으로 한다. 닫집은 불상이 자리한 공간을 불교 사상의 상징물로 승화시켜 대중이 깨달음의 길로 들어서게 하려고 만들어졌다. 또한 존경의 대상을 화려하고 아름다운 집에 모시려는 순수한 의도로 제작했는데, 그 구성은 현존하는 목조 건물 양식을 기본으로 하고 있다(심대섭·심대현, 『불교문화총서 2. 닫집』, 대한불교진흥원, 2010, 14쪽).

그림 7-17. 감입보개형(嵌入寶蓋形) 닫집. 위: 강진 무위사 극락전 닫집.
왼쪽 아래: 안동 봉정사 대웅전 닫집. 오른쪽 아래: 청양 장곡사 하대웅전 닫집

현존하는 닫집을 기준으로 보면 닫집은 감입보개형(嵌入寶蓋形), 운궁형
(雲宮形), 보궁형(寶宮形)의 세 가지로 나뉜다. 감입보개형은 지붕을 천장 속으로 밀어
넣은 형태인데, 지붕 밑으로는 아무런 구조물을 설치하지 않고 천장을 파고들어간 공간
의 사면에 공포(拱包)를 구성하는 기본적인 부재들을 서로 교차시켜서 섬세하게 짜 맞
추어 놓았다. 상부를 덮은 천판에 용, 여의주, 구름 등을 그려 장식하는 것이 일반적인
형태이다. 대표적인 예로 안동 봉정사 대웅전, 강진 무위사 극락전, 청양 장곡사 하대웅
전 등을 들 수 있다(그림 7-17).

그림 7-18. 운궁형(雲宮形) 닫집. 왼쪽: 영천 은해사 백흥암 극락전 닫집. 오른쪽: 구례 천은사 극락보전 닫집

운궁형은 외부에 공포와 지붕을 설치하지 않은 모든 형태를 말하는데, 간결한 구조이지만 불상 위 천장에 구름무늬와 용, 봉황 등 길상 상징물을 장식하여 화려함을 나타낸다(그림 7-18). 대표적인 것으로는 영천 은해사 백흥암, 구례 천은사 극락보전, 서산 개심사 대웅보전, 환성사 대웅전, 순천 선암사 대웅전 등을 들 수 있다.

보궁형 닫집은 운궁형과는 달리 독립된 집 모양을 하고 있다. 영주 부석사 무량수전과 안동 봉정사 극락전의 닫집처럼 단아하고 조촐한 모습을 보이던 보궁형 닫집(그림 7-19 왼쪽)은 시대가 지나면서 점점 화려하고 장식적으로 변하였다. 완주 화암

그림 7-19. 보궁형(寶宮形) 닫집. **왼쪽**: 안동 봉정사 극락전 닫집. **오른쪽**: 완주 화암사 극락전 닫집

사 극락전(그림 7-19 오른쪽), 논산 쌍계사 대웅전(그림 7-20), 강화 전등사 대웅전(그림 7-1), 여수 흥국사 대웅전, 부산 범어사 대웅전 등에서 화려하게 장식한 보궁형 닫집을 볼 수 있다.

　　　　닫집은 법당이 불보살이 주재하는 불국토임을 상징하는 것과 아울러 불단 위의 불보살을 신비화하고 영성을 불어넣는 기능을 한다. 닫집은 섬세하고 화려한 구조 자체도 훌륭한 장식 효과를 나타내고 있지만, 용, 연꽃, 비천, 봉황 등 추가 장식물에 의해 장식 효과가 더 증대된다.

그림 7-20. 논산 쌍계사 대웅전 보궁형 닫집. 적멸궁은 석가모니불, 만월궁은 약사여래불, 칠보궁은 아미타불이 계시는 곳이다.

그림 7-21. 논산 쌍계사 대웅전 석가모니불 위의 적멸궁 닫집. 주변의 극락조와 기둥 끝에 연꽃이 조각되어 있다.

그림 7-22. 완주 화암사 극락전 닫집의 용과 비천상

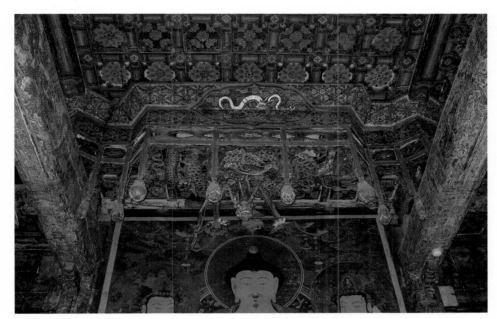

그림 7-23. 영천 은해사 백흥암 극락전 닫집

그림 7-24. 여수 흥국사 대웅전 닫집

그림 7-25. 부안 개암사 대웅전 닫집

304

논산 쌍계사 대웅전 닫집의 주변 공간에는 극락조가 날고 있으며, 매달린 기둥 끝에는 천상의 연꽃이 정교하게 조각되어 있다(그림 7-20, 7-21). 완주 화암사 극락전(그림 7-22)과 화성 용주사 대웅전에는 비천상이 닫집 주위를 날고 있어 환상적이다. 화암사 닫집에는 용 한 마리가 닫집 안에서 용틀임을 하면서 아래를 주시하고 있고, 그 주변에 한 쌍의 비천이 날고 있다. 부드러운 천의를 입고 허공을 나는 모습이 실로 환상적이다(그림 7-22).

이 밖에 용린(龍鱗)이 인상적인 영천 은해사 백흥암 극락전 닫집(그림 7-23), 여수 흥국사 대웅전 닫집(그림 7-24), 부안 개암사 대웅전 닫집(그림 7-25), 영광 불갑사 대웅전 닫집, 해남 미황사 대웅전 닫집, 여주 신륵사 극락보전 닫집 등이 화려하다.

8장
불상

1 불상의 기원

불상이 처음 조성된 것은 서기 1세기경으로 추정되며, 석존의 입멸 이후 약 500년 동안은 소위 무불상(無佛像) 시대라고 생각된다. 증일아함경(增一阿含經)에 의하면 부처님이 어머니 마야 부인에게 설법하기 위해 도리천(忉利天)에 올라가 있던 동안 코살라국(Kosala)의 프라세나지트(Prasenajit) 왕과 코삼비국(Kosambī)의 우전왕(優塡王, Udena 또는 Udyana)이 각각 금과 향목(香木)으로 5척의 불상을 만들어서 석존이 없는 허전함을 달래었다고 한다. 그러나 이는 전설적인 이야기이며 실제 유물로 보면 불상이 처음 조성된 시기는 1세기경인 인도의 쿠샨 왕조(Kushan 王朝) 시대였다. 그 이전 수세기 동안에는 부처님 전생의 선행을 이야기한 본생담(本生譚)을 묘사한 본생도(本生圖), 또는 일생의 중요한 사건이나 가르침의 내용을 묘사한 불전도(佛傳圖)가 회화나 부조 등 여러 가지 상징적인 형태로 표현되어 숭앙되었다. 불상 표현의 이러한 단계를 무불상 표현 시대라고 한다. 예를 들어 청정한 연화는 석존의 탄생을, 보리수(菩提樹)는

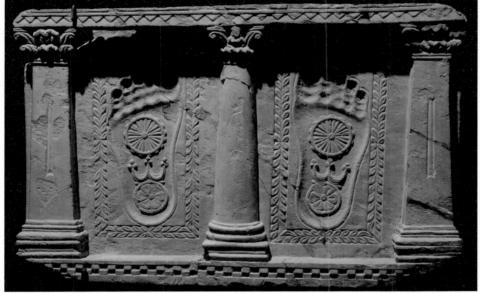

부처의 탄생, 청정한 영혼

성도(成道) : <불교> 깨달아 부처가 되는 일

진리, 전법(傳法)

열반(涅槃)

그림 8-1. 무불상 시대의 부처 상징.
위: 왼쪽부터 연꽃(부처의 탄생), 보리수(깨달음), 법륜(전법), 불탑(열반).
아래: 부처님의 발바닥(2017년 7월 예술의 전당 '알렉산더 대왕이 만난 붓다' 전시회에서 촬영)

해탈을, 법륜(法輪)은 불법(佛法)을 설하여 바퀴가 굴러가듯 사방에 영원히 전파된다는 의미로, 불탑은 열반(涅槃)의 상징으로서 신앙되었다(그림 8-1 위). 그리고 부처 자신의 존재는 불족적(佛足跡)이나(그림 8-1 아래) 빈 의자로써 표현되었고, 부처의 사리(舍利) 나 불아(佛牙)는 부처 자신의 진신(眞身) 그 자체로서 숭앙되었다(한국민족문화대백과, 한국학중앙연구원에서 인용).

그림 8-2. 간다라 불상.
2~3AD(2017년 7월 예술의 전당 '알렉산더 대왕이 만난 붓다' 전시회에서 촬영)

인도 서북부(현재의 파키스탄) 간다라(Gandhara) 지방은 오래 전부터 그리스 헬레니즘 문화의 영향을 받고 있었는데, 그리스인들이 신을 상으로 만들어도 신에 대한 모독이 아니라는 것을 보고 불상을 만들게 되었다. 한편, 인도 중북부의 마투라(Mathura) 지방에서는 이전부터 전해 오는 인도 고유의 전통을 이어 약간 늦게 불상이 등장하였다고 추측된다. 간다라 불상은 소조상이나 회색의 편마암(片麻岩) 조상이 많으며, 서구적인 불안(佛顔)에 머리카락은 길고 파상형을 이루고, 두꺼운 법의(法衣) 착의법이 그리스식이다. 마투라 불상은 붉은 색에 흰 반점이 있는 사암질(砂巖質) 조상이며, 머리카락은 곱슬머리에 소라 같은 나발(螺髮)이고, 코는 얕으며 눈두덩이 두껍고 입술도 두꺼워 인도인 얼굴이며, 법의는 매우 얇아서 몸에 밀착되어 있다. 신체 묘사는 상징적이고 엄격함이 강조되어 인도적인 예배 대상으로서의 모습을 잘 보여 주고 있다(그림 8-2)(진홍섭, 『빛깔 있는 책들 40. 불상』, 대원사, 2001).

2 불상의 형식

가사(袈裟)

부처가 가사를 입는 형식에는 두 가지가 있는데, 통견(通肩)과 우견편단 (右肩偏袒)이다. 통견은 가사가 두 어깨를 모두 가린 형식이고, 우견편단은 왼쪽 어깨만 걸쳐서 오른쪽 어깨가 노출된 형식이다(그림 8-3). 부처는 아랫도리를 가리는 의복(군의, 裙衣)과 윗도리에 걸치는 승각기(僧脚崎)라는 의복을 입고 그 위에 가사를 걸친다 (진홍섭, 『빛깔 있는 책들 40. 불상』, 대원사, 2001, 49쪽).

광배(光背)

부처님의 몸에서는 항상 빛이 나와 시방세계를 빈틈없이 비추는데 이것을 표현한 것이 광배이다. 광배는 일반적으로 두광(頭光), 신광(身光)으로 구분하는데, 두

그림 8-3. 불상의 가사. **왼쪽:** 통견을 입은 경주 백률사 금동약사여래입상(국보 제28호).
오른쪽: 우견편단의 경주 불국사 극락전 금동아미타여래좌상(국보 제27호)

광과 신광을 함께 이를 때는 거신광(擧身光)이라 한다. 또한 광배의 모양에 따라 위로 솟는 불꽃을 표현한 보주형(寶珠形) 광배와 앞이 뾰족한 배 모양의 주형(舟形) 광배로 나뉜다.

불화나 조각상의 두광에서 보이는 원상은 가장 강렬한 빛을 발하는 백호(白毫)를 중심으로 한다. 몸에서 발하는 신광은 몸을 중심으로 표현하지만 두광 없이 신광만 표현하는 경우는 없다. 두광과 신광을 다 표현할 때는 먼저 두광을 나타내고 그 밑으로 신광을 표현하여 두광이 우선하는 형식을 취한다. 두광을 표현하는 방법으로 그림에서는 수레바퀴의 살같이 머리에서 밖으로 향하는 빛을 표현하거나 둥근 원 또는 원

그림 8-4. **왼쪽:** 경주 남산 탑곡 마애조상군 동측면 삼존불 중 본존불의 원형 광배.
오른쪽: 경주 구황리 금제여래입상(국보 제80호)의 보주형 광배

주위로 화염을 그려 표현하기도 한다. 그러나 조각일 경우에는 둥근 원을 후두부에 붙이는 수밖에 없는데 이 경우 원의 중심은 백호가 된다.

현존하는 불상 광배의 표현 형식은 다양하다. 원광(圓光) 형태의 두광만 있는 경우는 강진 무위사의 아미타내영도(阿彌陀來迎圖)와 밀양 표충사의 아미타삼존도, 경주 남산 탑곡 마애불상군(그림 8-4 왼쪽), 경주 남산 칠불암 마애석불, 합천 치인리 마애불입상에서 찾아볼 수 있다. 한편 두광에 위로 솟는 불꽃을 표현한 보주형 광배는 국립부여박물관 소장의 금동보살입상, 국립중앙박물관 소장의 경주 구황동 금제여래입상(그림 8-4 오른쪽), 서산 마애삼존불상 등이 있다(허균, 『사찰 장식, 그 빛나는 상징의 세계』, 돌베개, 2003, 160쪽).

거신광은 두광, 신광의 구별 없이 불신 후면에 전신에서 발하는 빛을 표

그림 8-5. 거신광 광배. **왼쪽:** 청양 장곡사 상대웅전 철조약사여래좌상(국보 제58호).
오른쪽: 의성 고운사 석조석가여래좌상(보물 제246호)

현한 것이다. 따라서 입상이건 좌상이건 대좌 위에서 시작하여 머리 위까지 불신 전체를 감싸게 된다. 빛으로 표현할 때 광배 주위를 화염으로 표현하는 수가 많은데 화염 형태는 끝이 뾰족해지므로 상단이 뾰족해진다. 위가 뾰족해지면 거신광은 전체 모양이 배처럼 되므로 주형(舟形) 광배라고도 하며, 두광의 상단이 뾰족해진 것은 보주형(寶珠形) 두광이라고 한다(진홍섭, 『빛깔 있는 책들 40. 불상』, 대원사, 2001, 55쪽). 거신 광배의 경우 주형 광배가 대종을 이루며 국립부여박물관 소장의 금동정지원명석가여래삼존입상(金銅鄭智遠銘釋迦如來三尊立像, 국보 제196호), 간송미술관 소장의 금동계미명삼존불입상(金銅癸未銘三尊佛立像, 국보 제72호), 청양 장곡사 철조약사여래좌상(국보 제58호, 그림 8-5 왼쪽)과 철조비로자나불좌상(보물 제174호), 의성 고운사 석조석가여래좌상(보물 제246호, 그림 8-5 오른쪽) 등이 있다.

그림 8-6. **왼쪽:** 경주 구황리 삼층석탑 출토 금제아미타불좌상(국보 제79호).
투각 형식의 거신 광배에 빛을 화엄의 형태로 표현하고 있다.
오른쪽: 봉화 축서사 석조비로자나불좌상 및 목조광배(보물 제995호), 두광에 만자(卍字) 문양이 새겨져 있다.

빛은 눈으로 볼 수 있는 형상이 아니다. 다만 밝은 존재일 뿐이다. 따라서 광선을 표현함에 있어서 밝다는 것 이외에는 다른 요소가 가미될 것이 없다. 그러나 실제로 우리나라 불상의 광배에는 다른 여러 가지 요소가 가미된다. 화염은 빛과 직접적인 관계가 있으므로 광배에 화염의 형상을 그리거나 조각하는 것은 당연할 수 있으나 (그림 8-6 왼쪽), 때로 빛과 관계없는 것을 장식하기도 한다. 연꽃, 당초 등을 새기는 것이 그것이다. 희귀한 예로 만자(卍字) 문양을 새겨 넣은 봉화 축서사 석조비로자나불좌상(보물 제995호, 그림 8-6 오른쪽)도 있다. 두광에 연꽃을 새긴 것은 청양 장곡사 철조

그림 8-7. 청양 장곡사 상대웅전 철조비로자나불좌상(보물 제174호).
두광과 신광을 모두 갖춘 주형 광배로 연꽃으로 장식하였다.

비로자나불좌상(보물 제174호, 그림 8-7)과 영주 가흥리 마애삼존불상(보물 제221호)
등에서 8엽 또는 16엽의 연꽃 장식을 찾아볼 수 있다. 당초나 인동은 두광에 동심원을
치고 중심에 연꽃을 배치한 다음 그 외부 구간에 배치하는 것이 통례이다. 대구 동화사
비로암 석조비로자나불좌상(보물 제244호)에서는 당초를, 장곡사 철조비로자나불좌상
에서는 연당초(그림 8-7)를, 장곡사 철조약사여래좌상에서는 모란당초를 장식하였다(그
림 8-5 왼쪽)(허균, 『사찰 장식, 그 빛나는 상징의 세계』, 돌베개, 2003, 161~163쪽).

두광과 신광 등에 화불(化佛)을 안치하는 경우도 적지 않다. 화불이란 부

그림 8-8. 거신광 광배의 화불. **왼쪽:** 대구 동화사 비로암 석조비로자나불좌상(보물 제244호).
오른쪽: 경주 남산 미륵곡 석조여래좌상(보물 제136호)

처님이나 보살의 신통력에 의하여 화작(化作)된 부처님을 말한다. 경전에서 보면 화불이
나 화보살은 원형의 두광에 나타나는 것으로 되어 있지만 우리나라에서는 두광뿐만 아
니라 신광에서도 나타난다. 화불은 보통 3불, 5불, 7불로 표현하는 경우가 많다. 동화사
비로암 석조비로자나불좌상(보물 제244호, 그림 8-8 왼쪽), 경주 장항리사지 석불입상,
경주 남산 미륵곡 석조여래좌상(보물 제136호, 그림 8-8 오른쪽), 괴산 각연사 석조비로
자나불좌상(보물 제433호) 등에서 그 예를 찾아볼 수 있다(허균,『사찰 장식, 그 빛나는
상징의 세계』, 돌베개, 2003, 163쪽).

그림 8-9. 왼쪽: 감산사 석조미륵보살입상(국보 제81호, 국립중앙박물관).
오른쪽: 창녕 관룡사 용선대 석조여래좌상(보물 제295호)

그림 8-10. 길상좌(왼쪽)와 항마좌(오른쪽)

불상의 자세, 수인, 지물

1) 자세

우리나라에서 흔히 보는 불상은 입상과 좌상이다(그림 8-9). 좌상은 결과부좌(結跏趺坐)이다. 결과부좌에는 완전히 책상다리를 하고 앉는 정좌법(正坐法)으로 길상좌(吉祥坐)와 항마좌(降魔坐) 두 가지 형식이 있는데, 길상좌는 오른발을 위로 놓

그림 8-11. 왼쪽: 금동미륵보살반가사유상(국보 제83호, 호문혁 서울대 명예교수 촬영).
오른쪽: 보은 법주사 마애여래의좌상(보물 제216호), 의자에 걸터앉은 자세인 의상(椅像)이다.

은 것이고 그 반대가 항마좌이다(그림 8-10). 부처님이 보리수 밑에서 정각을 성취할 때 몸은 길상좌를 취하고 손은 항마인을 취하였다고 한다. 따라서 부처님의 자세로는 길상좌를 으뜸으로 삼고 때에 따라서는 항마좌를 취한다. 우리나라 불상은 대부분 길상좌를 취하고 있다.

부처님의 자세에는 입상과 좌상 외에 특수한 자세가 있다.

첫째, 반가사유상(半跏思惟像)은 미륵보살상에서 볼 수 있는 자세로 의자에 앉아 오른쪽 다리를 왼쪽 다리 위에 얹어놓은 모습이다. 미륵보살은 석가모니 부처가 입멸한 뒤 56억 7천만 년이 되는 때, 즉 인간의 수명이 8만 세가 될 때에 도솔천에서 이 사바세계로 내려와, 화림원의 용화수 아래에서 미륵불로 성불하여 3회의 설법으로 272억 명을 교화한다고 한다. 이러한 미륵보살이 미륵불로 다시 태어날 때까지 먼 미래를

그림 8-12. 간다라 보살교각상(菩薩交脚像).
2~3AD(2017년 7월 예술의 전당 '알렉산더 대왕이 만난 붓다' 전시회에서 촬영)

생각하며 명상에 잠겨 있는 자세가 곧 미륵보살 반가사유상이다. 두 손에 팔찌를 끼었고, 왼손은 오른쪽 발목을 잡고 있으며, 오른손은 오른쪽 무릎에 팔꿈치를 얹고 손가락을 볼에 대어 사유(思惟)하는 모습을 나타내고 있다. 국보 제78호, 제83호로 지정되어 있는 국립중앙박물관 소장의 금동미륵보살반가사유상이 유명하다(그림 8-11 왼쪽).

둘째, 의상(椅像)이 있다. 두 다리를 앞으로 늘어뜨리면서 걸상에 걸터앉은 자세로 보은 법주사 마애여래의좌상(보물 제216호)을 대표작으로 들 수 있다(그림 8-11 오른쪽).

셋째, 교각상(交脚像)이 있다. 의상의 자세에서 무릎을 벌려서 발목을 서로 교차하는 형식이다(그림 8-12). 우리나라에서는 매우 드물어서 성주의 마애불에서 고려 시대에 제작된 일례를 볼 수 있을 뿐이다.

그림 8-13. 인도 꾸시나가르 열반상

넷째, 열반상은 부처님이 열반할 때 모습인데 두 다리를 가지런히 하고 팔을 베고 모로 누운 상이다(그림 8-13). 우리나라에서는 극히 드물다(진홍섭, 『빛깔 있는 책들 40. 불상』, 대원사, 2001, 64쪽).

2) 수인(手印)

수인은 모든 불보살이 수행할 때 스스로의 바람을 이루고자 다짐한 서원(誓願)을 나타내는 손 모양을 말한다. 인(印)은 여래의 내증(內證), 즉 스스로의 깨달음과 서원(誓願), 또는 공덕(功德)의 표지이다. 대표적인 종류에는 석가모니불의 선정인(禪定印), 항마촉지인(降魔觸地印), 전법륜인(轉法輪印), 시무외인(施無畏印), 여원인(與願印) 등 5인과 아미타불의 미타정인(彌陀定印), 비로자나불의 지권인(智拳印), 그리고 합장인 등이 있다. 수인은 교리적으로도 중요한 의미가 있기 때문에 원칙적으로 불상을 만들 때 함부로 형태를 바꾸어도 안 되고, 어느 특정한 부처가 하는 수인을 다른 부처에 표현해서도 안 된다. 따라서 수인은 여러 종류의 부처를 분별할 수 있는 근거가 된다. 그러나 우리나라에서는 부처마다 수인의 특징을 정확하게 표현하는 일이 잘 지켜지지 않고 있어 수인만으로 부처를 구별하는 것은 다소 위험하다.

그림 8-14. 선정인. **왼쪽:** 부여 군수리 석조여래좌상(보물 제329호).
오른쪽: 강화 백련사 철조아미타여래좌상(보물 제994호로 지정되었으나 도난 되었고,
현 불상은 원본을 복제한 것임)

선정인(禪定印)

선정인은 석가세존이 보리수 아래에 있는 금강보좌 위에 앉아 깊은 생각에 잠겨 있을 때 취한 인이다. 왼손의 손바닥을 위로 해서 배꼽 앞에 놓고, 오른손도 손바닥을 위로 해서 왼손 위에 겹쳐놓되 양 엄지를 서로 대는 형식이다(그림 8-14). 그런데 우리나라에서는 종종 왼손이 오른손 위에 위치하도록 제작하는 경우가 있다(그림 8-14 오른쪽). 이는 좌우 중 어느 쪽을 더 중시하느냐의 관습에 따른 차이로 생각된다. 인도에서는 오른손을 중히 여기는 반면 중국과 한국에서는 왼손을 더 중히 여기는 문화의 차이가 있다. 대표적인 예로는 국립중앙박물관 소장의 군수리 석조여래좌상(보물 제329호), 강화 백련사 철조아미타여래좌상(보물 제994호)을 들 수 있다.

그림 8-15. **왼쪽**: 항마촉지인(영암 월출산 마애여래좌상, 국보 제144호).
오른쪽: 전법륜인(안압지 출토 금동판 삼존불좌상, 보물 제1475호)

항마촉지인(降魔觸地印)

이 수인은 석가모니가 득도하기 전에 정각산(正覺山) 선정굴(禪定窟)에서 내려와, 니련선하(尼連禪河; 나이란자강) 가까이 있는 비바라나무 아래 금강보좌에 앉아 선정에 들었을 때의 상황과 관련이 있다. 석가모니는 정각을 성취하지 못하면 이 자리를 떠나지 않겠다는 굳은 결심을 하였다. 그때 제6천(天)의 마왕 파순(波旬)이 권속을 이끌고 와서 갖가지의 방해를 한다. 이에 석가모니는 "천상천하에 이 보좌에 앉을 수 있는 사람은 나한 사람뿐이다. 지신이여, 이를 증명하라"라고 하면서 선정인의 상태에서 오른손을 풀어서 검지로 땅을 가리켰다. 이때 지신이 홀연히 땅에서 튀어나와 이를 증명하였다. 이때의 손 모양이 항마촉지인이다. 이 내용에 연유하여 이 수인을 항마인, 촉지인, 지지인(指地印) 등으로도 부른다. 오른손을 무릎에 대고 검지로 땅을 가리키며, 왼손은 선정인의 자세 그대로이다. 항마촉지인은 우리나라 불상에서 가장 많이 볼 수 있는 수인이다. 대표적으로 경주 석굴암 본존불, 영주 부석사 무량수전의 본존불, 경주 남산 미륵곡 석조여래좌상(보물 제136호, 그림 8-8 오른쪽), 영암 월출산 마애여래좌상(국보 제144호, 그림 8-15 왼쪽), 합천 청량사 석조여래좌상(보물 제265호) 등이 있다.

전법륜인(轉法輪印)

보드가야에서 깨달음을 얻은 석가모니 부처님은 7주야 동안 자리를 옮기면서 깨달음을 어떻게 현실세계에서 실현시킬 것인가를 생각한 끝에 이전에 고행을 함께 한 다섯 명의 수도자에게 설법하기로 결정한다. 이후 그들이 머물고 있는 사르나트(녹야원)로 가서 설법한다. 다섯 수도자는 부처님의 비구가 되어 최초의 승보가 된다. 이 설법이 부처님이 설한 최초의 설법이며 초전법륜이라고 하는데, 이때 부처님의 손 모양을 전법륜인이라고 한다. 전법륜인의 손 모양을 보면 우선 왼손은 엄지와 중지, 오른손은 엄지와 검지의 끝을 서로 대고 나머지 삼지를 편 다음, 왼손의 손바닥을 위로 하여 약지와 소지의 끝을 오른 팔목에 댄다. 그리고 오른손 손바닥을 밖으로 향한다. 전법륜인은 이와 같은 역사적 배경을 가지고 있음에도 불구하고 우리나라에서는 그 예가 드물다(그림 8-15 오른쪽).

여원인(與願印), 시무외인(施無畏印)

여원인은 시여인(施與印) 또는 여인(與印)이라고 하며, 부처가 중생에게 사랑을 베풀고 중생이 원하는 바를 달성하게 하는 대자(大慈)의 덕을 표시한 인이다. 여원인의 손 모양은 손바닥을 밖으로 하고 다섯 손가락을 펴서 아래를 향하여 손 전체를 늘어뜨린다. 시무외인은 일명 이포외인(離怖畏印)이라고 하여 부처가 중생에게 무외(無畏)를 베풀어 공포와 두려움에서 벗어나게 하고 우환과 고난을 해소시키는 큰 자비의 덕을 보이는 인이다. 손 모양은 다섯 손가락을 가지런히 펴서 위로 뻗고 손바닥을 밖으로 하여 어깨 높

그림 8-16. **왼쪽:** 여원인, 시무외인(서산 마애여래삼존상, 국보 제84호).
오른쪽: 지권인(철원 도피안사 철조비로자나불좌상, 국보 제63호)

이까지 올린 형태이며 여원인의 반대이다(그림 8-16 왼쪽). 우리나라 삼국 시대에는 불상 종류에 관계없이 대부분 이 두 수인을 취하고 있다. 특히 우리나라 불상의 여원인에서는 밑을 향한 다섯 손가락 중 약지와 소지를 꾸부리고 있는 것이 하나의 특징이다. 대표적인 예로 국립중앙박물관 소장의 감산사 석조아미타불입상(국보 제82호, 그림 8-21 왼쪽), 논산 관촉사 석조미륵보살입상(보물 제218호), 서산 마애여래삼존상의 본존불(국보 제84호, 그림 8-16 왼쪽), 경주 배리 석불입상(보물 제63호) 등이 있다.

지권인(智拳印)

지권인은 비로자나불이 결하는 수인이다. 그 형상은 왼손을 가슴까지 올려 검지를 펴고 오른손으로 감싸 쥔 다음 오른손의 엄지와 왼손의 검지를 대는 손 모양이다(그림 8-16 오른쪽). 이때 오른손은 부처의 세계, 왼손은 중생의 세계를 나타내므로 부처와 중생이 둘이 아니고 하나이며, 미혹함과 깨달음도 본래 하나라는 뜻이다. 그러나 좌우 손 모양이 바뀐 경우도 있다. 즉, 오른손 검지를 왼손으로 감싸는 모양으로 표현하기도 한다. 대표적인 예로 장흥 보림사 철조비로자나불좌상(국보 제117호, 6장 그림 6-15), 철원 도피안사 철조비로자나불좌상(국보 제63호, 그림 8-16 오른쪽), 경주 불국사 비로전의 금동비로자나불좌상(국보 제26호), 대구 동화사 비로암 석조비로자나불좌상(보물 제244호) 등이 있다.

미타정인(彌陀定印)

미타정인은 아미타불의 수인 가운데 하나로 묘관찰지정인(妙觀察智定印)이라고도 한다. 미타정인의 모양은 무릎 위에서 손바닥을 위로 하여 왼손을 밑에 놓고 그 위에 오른손을 포개놓은 다음, 각각 검지를 꾸부려 엄지의 끝을 맞대고 검지 등이 서로 닿게 한다. 따라서 이러한 수인은 좌상일 때 할 수 있으며, 입상에서는 볼 수 없다. 때로는 전법륜인과 유사한 수인이 되는 수도 있다. 아미타불의 정토인 서방극락세계에 왕생하는 사람들에게는 그의 행업(行業)이 얕고 깊음에 따라 상, 중, 하의 구별이 있는데 상, 중, 하 3품(品)에 각각 상, 중, 하 3생(生)이 있어 모두 9품이 있다. 이 9품에 따라 아미타불의 인(印)도 각각 다르게 표현되기 때문에 이를 아미타 9품인이라 한다.

　　　　우선 상품상생의 인은 선정인과 같은 상이며, 상품중생은 같은 손 모습에서 장지를 꾸부려 엄지에 대고 있는 것이고 상품하생은 약지를 꾸부려 엄지에 대고 있는 것이다. 중품인은 두 손을 가슴 앞까지 들고 손바닥을 약간 밖으로 하는 자세인데, 검지를 꾸부려 엄지에 대었을 때는 상생이고, 장지를 꾸부려 대었을 때는 중생이고, 약지를 대었을 때는 하생이다. 하품인은 오른손을 가슴까지 들어서 손바닥을 밖으로 하고, 왼손을 무릎 위에 놓아 선정인과 같은 형상이다. 이때 상생은 검지와 엄지를 대고, 중생

그림 8-17. 왼쪽: 상품상생(영주 비로사 석조아미타여래좌상, 보물 제996호).
가운데: 하품중생(금동아미타불좌상, 고려 시대).
오른쪽: 하품하생(경주 불국사 대웅전 불상). 대웅전 안에 아미타 수인을 한 불상을 모셔 놓고 석가모니 불상이라 표기하고 있다.

은 장지와 엄지를, 하생은 약지와 엄지를 댄다(그림 8-17)(허균, 『사찰 장식, 그 빛나는 상징의 세계』, 돌베개, 2003, 167~175쪽).

3) 지물(持物)

부처나 보살 또는 신장의 권능이나 자비 등 다양한 실체를 드러내기 위한 방법으로 지물을 사용한다. 부처는 흔히 수인으로 구별하는데, 약사여래는 청양 장곡사 금동약사여래좌상(보물 제337호)과 철조약사여래좌상(국보 제58호)처럼 약합(藥盒)을 들고 있는 모습으로 중생들을 질병으로부터 보호해 주겠다는 서원을 표현한다(그림 8-18). 여래의 화현인 보살과 천신, 명왕들은 각기 지니는 지물이 있어 스스로의 깨달음

그림 8-18. **왼쪽:** 청양 장곡사 하대웅전 금동약사여래좌상(보물 제337호).
오른쪽: 청양 장곡사 상대웅전 철조약사여래좌상(국보 제58호). 왼손에 약합을 들고 있다.

과 다짐 그리고 바람을 상징적으로 나타낸다. 강진 무위사 극락전에 있는 목조아미타여래삼존좌상(보물 제1312호)은 하품중생의 아미타불 왼쪽의 관세음보살은 정병을 안고 있으며 오른쪽의 지장보살은 석장을 들고 있다(그림 8-19). 그리고 국립중앙박물관 소장의 금동관음보살입상에서 보이는 정병은 중생의 고통이나 목마름을 달래는 단 이슬[甘露]을 담고 있는 지물로 관음보살이 지닌다. 불경에 나타나는 지물은 여러 종류가 있지만 우리나라에서 흔히 볼 수 있는 지물에는 연꽃, 금강저, 석장, 여의주, 정병 등이 있다(그림 8-19, 8-20)(허균, 『사찰 장식, 그 빛나는 상징의 세계』, 돌베개, 2003).

그림 8-19. 강진 무위사 극락전 목조아미타여래삼존좌상(보물 제1312호).
하품중생 수인을 하고 있는 아미타불. 왼쪽의 관세음보살은 정병을 안고 있으며
오른쪽의 지장보살은 석장을 들고 있다.

그림 8-20. **왼쪽:** 고창 선운사 도솔암 금동지장보살좌상(보물 제280호)의 법륜.
오른쪽: 예천 용문사 대장전 목조아미타여래삼존좌상(보물 제989호)의 연꽃 지물

3 불상의 재료

불상을 만드는 재료에는 구별이 없다. 금으로 만든 불상부터 철불, 동불, 금동불이 있는가 하면 석불, 목불과 같은 비금속성 재료를 이용하거나 심지어는 흙이나 종이로도 만든다. 이는 불교에서는 재료의 귀천에 따른 공덕에 차이가 없음을 나타내는 것이다. 다만 불상을 만들 때 청정(淸淨)함을 공덕의 기본으로 삼고 있다. 예를 들면 목불을 만들기 위한 목재는 날을 정하여 향탕(香湯)으로 씻는다든가, 금속재는 한번도 세속에서 사용하지 않은 것이어야 한다는 등의 규정이다.

현재 남아있는 우리나라 불상은 석불, 금불, 동불, 금동불, 철불, 목불, 소조불, 건칠불 등이 있으나 가장 많이 남아있는 불상은 석불이다. 이는 생산 조건이 좋고 내구성이 뛰어났기 때문이라 생각된다.

그림 8-21. **왼쪽:** 경주 감산사 석조아미타여래입상(국보 제82호).
오른쪽: 영주 북지리 석조여래좌상(보물 제220호)의 3불상 중 우측의 비로자나불좌상. 현재 영주 부석사 자인당 안에 있다.

석불

석불은 돌로 만든 불상을 말하며 불상 제조 초기부터 만들어졌던 것으로 가장 일반적인 불상 형태이다. 인도에서는 붉은 계통의 사암, 중국은 흰 대리석, 우리나라에서는 화강암을 주로 사용하였다. 돌로 불상을 조각하는 경우 여러 가지 형태로 조성한다. 독립된 공간을 갖는 원각상(圓刻像), 돌기둥의 사면에 조각한 사면불(四面佛), 감실 안에 모신 감불(龕佛), 석굴을 형성한 석불, 비문을 동반한 비상(碑像) 등이다.

1) 원각상(圓刻像)

원각상은 독립된 상으로 전후좌우 어디서나 관찰할 수 있게 조각된 것으로, 석불 가운데 가장 많다. 원각상은 입상이든 좌상이든 광배와 대좌를 갖추고 있다(그림 8-21). 특히 좌상인 경우 장엄한 광배와 대좌를 갖추게 된다. 석불도 예배의 대상으로 법당 안에 조성하였고, 지금도 법당 안에 봉안된 석불이 있으나, 더 많은 수가 노천에 방치되어 있어 손상을 입고 있다.

국보급 원각상 석불로는 경주 감산사 석조미륵보살입상(국보 제81호, 그림 8-9 왼쪽), 경주 감산사 석조아미타여래입상(국보 제82호, 그림 8-21 왼쪽), 강릉 한송사지 석조보살좌상(국보 제124호) 등이 있다. 보물급 석불로는 경주 남산 미륵곡 석조여래좌상(보물 제136호, 그림 8-8 오른쪽), 창녕 관룡사 용선대 석조석가여래좌상(보물 제295호, 그림 8-9 오른쪽), 영주 북지리 석조여래좌상(보물 제220호, 그림 8-21 오른쪽)을 비롯하여 수십 기가 존재한다.

2) 사면불(四面佛)

직사각형의 돌기둥 사면에 불, 보살을 조각한 것을 사면불 또는 사방불이라고 한다. 사면에 어떤 부처를 조각하느냐는 경전에 따라 약간의 차이를 보인다. 아미타불은 서방정토 극락세계의 주인이므로 서쪽에, 약사여래는 동방 유리광세계의 교주이므로 동쪽에 조각하는 것은 공통이다. 여래상을 독존으로 새기기도 하지만 협시보살 또는 여러 권속들을 동반하는 수도 있다(진홍섭,『빛깔 있는 책들 43. 석불』, 대원사, 1996).

우리나라에는 현재 경주 굴불사지 석조사면불상(보물 제121호, 그림 8-22 왼쪽), 문경시 사불산 사방불, 경주 남산 칠불암 마애불상군(국보 제312호), 예산 화전리 석조사면불상(보물 제794호, 그림 8-22 오른쪽) 등 많은 사방불이 남아 있다. 이

그림 8-22. **왼쪽:** 경주 굴불사지 석조사면불상(보물 제121호) 서남측에서 본 석불상.
오른쪽: 예산 화전리 석조사면불상(보물 794호) 남동측면에서 본 석불상

중 예산 화전리 석조사면불상은 6세기경 백제에서 제작된 것으로 우리나라 최초의 사면석불이다.

3) 석굴 불상

인도나 중국에는 길이가 수 킬로미터에 이르는 거대한 암벽을 비롯하여 곳곳에 암벽이 있고, 주로 석회암이나 사암으로 구성된 돌이므로 석굴을 조성하고 그 안에 다양한 석불상을 만들었다. 그러나 우리나라는 대규모의 암벽이 없을 뿐만 아니라 돌도 화강암이라서 석굴을 조성하기가 어려웠다. 따라서 인도나 중국에 비해 석굴 사원의 수나 그 안에 조성한 조각 또한 비약하고 간단하다. 현존하는 석굴 불상으로는 경주 석굴암 본존불(국보 제24호), 군위 아미타여래삼존 석굴(국보 제109호, 그림 8-23) 등이 대표적이다.

그림 8-23. 군위 아미타여래삼존 석굴(제2석굴암, 국보 제109호). 본존불은 우리나라에서 처음으로 항마촉지인을 취한 불상으로 조각사적으로 의의가 큰 작품이다. 좌우 협시보살로 관음보살과 대세지보살은 자세와 표현 기법이 동일하다. 대세지보살의 보관에는 정병이 새겨져 있고, 관음보살은 정병을 지물로 들고 있으며 보관에는 화불이 새겨져 있다.

4) 감불(龕佛)

불상을 모시는 작은 집을 감(龕)이라고 하는데, 이 감 안에 모신 불상을 감불이라고 한다. 금동제 감불은 상당수 유품으로 존재하는데 석조 감불은 아주 드물다. 마애불에서 암면을 파서 감형을 만들고 그 안에 불상을 조각하는 예로 경주 남산 감실석불좌상이 있고, 독립된 감실 안에 석불을 봉안한 예는 평양 영명사의 감불과 화순 운주사 석조불감(보물 제797호)뿐이다(그림 8-24).

그림 8-24. **위: 경주 남산 불곡 감실석불좌상. 아래: 화순 운주사 석조불감(보물 제797호)**

그림 8-25. 계유명삼존천불비상(癸酉銘三尊千佛碑像, 국보 제108호)

5) 비상(碑像)

　　비상은 불상과 비를 겸한 것으로, 말하자면 불상과 그것에 관련된 비문을 함께 조각한 것으로 우리나라에는 계유명삼존천불비상(癸酉銘三尊千佛碑像, 국보 제108호) 하나만 있다. 사각형의 돌 전체에 불상을 새겼는데, 앞면의 삼존불(三尊佛)을 중심으로 좌우에는 글이 새겨져 있고, 그 나머지 면에는 작은 불상을 가득 새겨 놓았다(그림 8-25).

그림 8-26. **왼쪽**: 태안 마애삼존불입상(국보 제307호). **오른쪽**: 서산 마애여래삼존상(국보 제84호)

마애불(磨崖佛)

마애불이란 커다란 암벽에 부조(浮彫) 또는 선각(線刻) 등으로 얕게 새긴 불상을 말한다. 엄밀하게는 암면이 밖으로 노출된 새김이 얕은 것을 말하며 깊은 것은 불감(佛龕), 또 사람이 출입할 수 있는 크기의 것은 석굴사원(石窟寺院)이라 하지만, 삼자의 구별이 꼭 명확한 것만은 아니고 자주 혼용된다. 우리나라에서도 삼국 시대부터 제작되기 시작하여 경주 남산의 마애불상군을 비롯하여 태안 마애삼존불입상(국보 제307호, 그림 8-26 왼쪽), 서산 마애여래삼존상(국보 제84호, 그림 8-26 오른쪽) 등 곳곳에서 볼 수 있다.

그림 8-27. 왼쪽: 경주 불국사 금동비로자나불좌상(국보 제26호). 오른쪽: 구미 선산읍 금동여래입상(국보 제182호)

금동불(金銅佛)

　　　　金동불이라고 하면 '금(金)'과 '동(銅)'으로 이루어진 불상이라고 생각하기 쉽다. 그러나 금동불은 동으로 주물한 뒤 표면에 금도금을 입힌 불상을 말한다. 정교한 조각이 가능하고 내구성이 뛰어나므로 불상의 재료로 널리 이용되었다. 우리나라에서는 삼국 시대부터 전 시기에 걸쳐 개인용의 작은 호신불(護身佛)에서부터 거대한 상에 이르기까지 금동불이 꾸준히 조성되었다. 대형의 금동불은 법당의 주 존불로 조성된 반면, 가장 많이 남아 있는 10㎝ 내외의 소형 금동불들은 여러 가지 다른 목적으로 조성되었다(그림 8-27). 이들은 개인의 염원을 담아 기원하기 위해서, 또는 사리장엄구의 일부나 탑의 안전한 건립을 위해서, 때로는 이동용 감실(龕室)에 안치하기 위해 조성한

그림 8-28. 왼쪽: 하남 하사창동 철조석가여래좌상(보물 제332호). 오른쪽: 남원 실상사 철조여래좌상(보물 제41호)

경우가 대부분이다. 그러나 무엇보다도 소형 금동불은 새로운 도상(圖像)이나 조각 양식의 전파 수단으로 중요한 매개체적 역할을 담당하였다(강우방, 『한국 미의 재발견 – 불교 조각』, 솔출판사, 2003).

철불(鐵佛)

철불은 철로 주조한 불상으로 우리나라의 경우는 금동불보다 많이 만들어지지는 않았지만 통일신라 말에서 고려 시대에 걸쳐 유행하였다. 오늘날 남아 있는 대부분의 철불은 여래상이고 또 규모도 매우 커서 법당의 주존(主尊)으로 봉안되었다. 대

그림 8-29. 완주 송광사 소조석가여래삼불좌상(보물 제1274호)

표적인 예는 보림사 철조비로자나불좌상(6장 그림 6-15)을 비롯하여 도피안사 철조비로자나불좌상(그림 8-16 오른쪽), 하남 하사창동 철조석가여래좌상(보물 제332호, 그림 8-28 왼쪽), 남원 실상사 철조여래좌상(보물 제41호, 그림 8-28 오른쪽) 등이다.

소조불(塑造佛)

소조불은 점토로 만든 불상으로 우리나라에서는 삼국 시대 이후 많이 만들어졌는데 현재 남아 있는 작품은 별로 없다. 기록상으로는 신라 시대에 양지(良志)가 만든 영묘사 장륙상 등이 있다. 현재 부석사 소조여래좌상(국보 제45호, 6장 그림 6-28 오른쪽), 경주 기림사 소조비로자나삼불좌상(보물 제958호, 그림 8-40), 완주 송광사

그림 8-30. 경주 기림사 건칠보살반가상(보물 제415호)

소조석가여래삼불좌상(보물 제1274호, 그림 8-29), 완주 송광사 소조사천왕상(보물 제
1255호, 3장 그림 3-15, 3-16) 등이 유명하다.

건칠불(乾漆佛)

건칠불은 나무로 간단한 골격을 만들고 종이나 천 같은 것으로 불상을 만
든 후 옻칠을 하고 다시 금물을 입힌 것이다. 우리나라에 알려져 있는 불상으로는 조선
시대의 경주 기림사 건칠보살반가상(보물 제415호, 그림 8-30)과 나주 불회사 건칠비로
자나불좌상(보물 제1545호) 등이 있다.

4 보살상

보살상의 특징

보살상은 불상과 구분되어 조형적으로 특징적인 모습을 갖고 있다. 보살상의 공통적인 특징을 살펴보면 다음과 같다(박도화, 『빛깔 있는 책들 53. 보살상』, 대원사, 2000).

가. 머리, 머리카락: 불상이 곱슬머리인 나발(螺髮)임에 비해 보살상은 긴 머리를 빗어 묶고(寶髻) 수발(垂髮)을 어깨로 늘어뜨리고, 머리에는 보관(寶冠)을 쓴다(그림 8-31).

나. 장신구: 몸에는 영락(瓔珞)을 걸쳐 장식하고, 목, 팔, 손목, 다리, 귀 등에 장신구를 붙인다(그림 8-32 왼쪽).

다. 의복: 몸에는 천의(天衣)를 걸친다. 천의는 보살과 천부상(天部像)의 양 어깨에서 팔꿈치를 휘감고 늘어뜨리는 긴 옷으로 장식적인 기능을 가진다(그림 8-32 오른쪽). 허리 부분 아래의 하의로는 상(裳)이나 군의(裙衣)를 입는다.

라. 미간에 백호가 표현되고 머리에 두광, 신체에는 신광을 지닌다.

마. 대부분의 경우 연화좌에 서 있다(그림 8-33). 위의 백호, 광배, 연화좌는 불상과 공통되는 점이다.

바. 대부분의 보살은 각기 특징적인 지물을 지니고 있다(그림 8-18, 8-19).

그림 8-31. 불상과 보살상의 두발의 차이. **왼쪽:** 경주 불국사 금동아미타여래좌상(국보 제27호)의 나발(螺髮).
오른쪽: 경주 기림사 건칠보살반가상(보물 제 415호), 보관을 쓴 모습. 보관 밑으로 머리카락을 빗어 묶은 보계를 볼 수 있다.

그림 8-32. **왼쪽:** 금동관음보살좌상(고려 14세기). 보살상의 신체를 장식한 장엄한 장신구가 잘 표현되어 있다. 귀걸이, 목걸이,
정교하게 표현된 영락이 전신에 걸쳐 장식된 보살상이다. **오른쪽:** 금동관음보살입상(보물 제927호, 8세기, 리움미술관 소장).
상의의 주름이 다리 위에 자연스럽게 표현되어 있고, 양 어깨를 감싼 천의는 발목까지 구불구불 흘러내리고 있다. 옷 주름의
곡선미가 신체의 삼굴 자세, 양손의 모습과 조화되어 보살상의 아름다움이 훌륭히 표현되어 있다.

그림 8-33. 경주 남산 칠불암 마애삼존불(국보 제312호).
왼쪽: 우협시 보살. 연화좌 위에 정병을 지물로 들고 서 있고, 머리에는 보주형 두광이 표현되어 있다.
오른쪽: 좌협시 보살. 연화좌 위에 연꽃을 들고 서 있다.

관세음보살상(觀世音菩薩像)

관세음보살은 중생이 어려운 일을 당했을 때 그 명호를 부르면 즉시 나타나 고난을 면하게 해준다는 대자대비의 보살이다. 대세지보살과 함께 아미타불의 협시보살로 있을 때는 머리에 아미타불의 화신이 새겨진 보관을 쓰고, 손에는 정병 또는 연꽃을 든 자태를 보인다. 우리나라를 비롯한 동북아시아에서는 관음보살상은 일반적으로 여성으로 표현한다. 유연한 허리 곡선이라든가 화려한 장신구 등 여성미를 강조한다.

사찰에 봉안된 것 중에서는 보은 법주사 원통전 목조관음보살좌상(보물 제1361호, 6장 그림 6-59), 파계사 원통전 건칠관음보살좌상(보물 제992호) 등이 유명하다. 박물관에 소장된 문화재급으로는 국립중앙박물관의 삼양동 금동관음보살입상(국보 제127호)과 부여 규암리 금동관음보살입상(국보 제293호), 리움미술관의 국보 제128호인 금동관음보살입상과 보물 제927호인 금동관음보살입상(그림 8-32 오른쪽) 등이 있다(허균, 『사찰 100미 100선』, 불교신문사, 2007, 171쪽).

대세지보살상(大勢至菩薩像)

대세지보살은 관음보살과 함께 아미타불의 협시보살로 제작되지만 관음보살과는 달리 독립된 예배 대상으로 제작되거나 신앙되는 예는 거의 없다. 대세지보살의 모습은 관음보살과 거의 동일한데 다만 관음보살의 보관에 화불이 있는 데 비해 대세지보살의 보관에는 정병이 얹혀 있는 점이 특징이다. 현존하는 아미타삼존상 중 대세지보살상이 잘 표현된 것으로는 서악(선도산) 삼존불, 군위 아미타여래삼존 석굴의 아미타삼존상(국보 제109호, 그림 8-23), 굴불사지 사면석불 중 서면의 아미타삼존상을 들 수 있다. 이들은 보관에 보병이 새겨져 있거나 정병을 지물로 들고 있다(박도화, 『빛깔 있는 책들 53. 보살상』, 대원사, 2000).

지장보살상(地藏菩薩像)

지장보살은 관세음보살, 미륵보살과 더불어 우리나라에서 널리 신봉되고

그림 8-34. 국립중앙박물관 소장 '정덕십년(正德十年)'명
석조지장보살좌상(보물 제1327호)

있는 보살로, 큰 사찰에서는 지장전이나 명부전의 주존으로 모셔지기도 하며, 작은 사찰에선 대웅전이나 미타전 주존의 협시보살로 봉안되기도 한다. 관음보살이 현세의 고통을 없애주는 보살이라면 지장보살은 사후의 육도윤회나 지옥에 떨어지는 업보를 구제해주는 보살이다. 지장보살의 형상은 다른 보살들과는 확연히 구별되는 특징적인 모습인데, 삭발한 머리에 두건을 쓰고 지물로 보주를 들고 석장을 짚은 모습이 일반적이다. 조각상으로는 국립중앙박물관 소장 '정덕십년(正德十年)'명 석조지장보살좌상(보물 제1327호, 그림 8-34), 고창 선운사 도솔암 금동지장보살좌상(보물 제280호, 6장 그림 6-63 왼쪽), 화순 쌍봉사 지장전 목조지장보살삼존상(전남 유형문화재 제253호) 등이 볼만하다.

그림 8-35. 안성 칠장사 목조지장삼존상(경기 유형문화재 제227호).
지장보살을 주존으로 좌우에 도명존자와 무독귀왕이 협시하고 있다.

지장보살은 조각이나 회화에서 여러 가지 형식으로 표현된다.

첫째, 지장보살을 단독으로 표현하는 경우인데, 조각인 경우 주로 좌상이

많이 남아 있다. 단독 지장상의 대표적인 예로 고창 선운사 도솔암 금동지장보살좌상(보

물 제280호, 6장 그림 6-63 왼쪽)을 들 수 있다.

둘째, 아미타삼존의 우협시로 표현되는 경우이다. 아미타불의 우협시는 대세지보살이 보편적이지만 조선 시대에는 지옥 중생을 구제하여 극락으로 인도한다는 지장 신앙이 크게 각광을 받아 아미타불의 우협시 보살로 등장한 예가 많다(그림 8-19).

셋째, 지장보살을 본존으로 하고 도명과 무독귀왕이 협시하는 지장 삼존상이다. 대표적인 예로 화순 쌍봉사 지장전 목조지장보살삼존상(전남 유형문화재 제253호, 6장 그림 6-62 위), 강화 전등사 명부전 목조지장보살삼존상(보물 제1786호, 6장 그림 6-62 아래), 안성 칠장사 목조지장삼존상(경기 유형문화재 제227호) 등을 들 수 있다(그림 8-35).

넷째, 지장보살과 시왕(十王)을 함께 조성하는 형식이다(6장 그림 6-65 아래)(박도화, 『빛깔 있는 책들 53. 보살상』, 대원사, 2000, 68~71쪽).

미륵보살반가사유상(彌勒菩薩半跏思惟像)

반가사유상은 미륵보살의 독특한 도상으로 삼국 시대에 주로 조성되었다. 결과부좌에서 왼쪽 다리를 풀고 의자에 앉은 자세로 오른손 검지와 중지를 뺨에 댄 채 깊은 사색에 잠긴 표정을 짓고 있는 모습이다. 우리나라에서 반가사유상은 6, 7세기 삼국 시대에 활발히 제작되었다. 고구려 작품으로는 평양 평천리에서 출토된 금동미륵보살반가사유상(국보 제118호)이 현재로서는 유일하다. 백제 시대 작품으로는 서산 마애삼존불(국보 제84호)의 좌협시 미륵 반가사유상을 들 수 있다(그림 8-36 왼쪽). 현존 미륵반가사유상의 대부분은 신라의 작품이다. 석상(石像)으로는 경북 봉화에서 출토된 반가사유상(경북대학교 박물관 소장)과 송화산(松花山) 석조반가상(국립경주박물관 소장)

그림 8-36. **왼쪽:** 서산 마애삼존불(국보 제84호)의 좌협시 미륵보살반가사유상.
가운데: 국립중앙박물관에 소장된 국보 제78호 금동미륵보살반가사유상.
오른쪽: 방형대좌 금동미륵보살반가사유상(보물 제331호)

이 대표적이다. 금동제 미륵보살상으로는 국립중앙박물관에 소장된 국보 제78호(그림 8-36 가운데)와 국보 제83호 금동미륵보살반가사유상(그림 8-11 왼쪽), 방형대좌 금동미륵보살반가사유상(보물 제331호, 그림 8-36 오른쪽) 그리고 리움미술관의 금동미륵보살반가사유상(국보 제118호), 호암미술관의 금동미륵보살반가사유상(보물 제643호) 등이다.

5 불상의 배치

사찰의 전각 안에 한 분의 부처님만 모시는 경우는 드물다. 일반적으로 주존을 한 분 모시고 그 좌우로 그 부처님을 돕는 보살을 두 분 모신다. 이러한 두 보살을 협시보살(脇侍菩薩)이라고 하는데, 옆에서 돕는 보살이라는 의미이다.

대웅전의 석가모니불 곁에는 좌우로 문수보살과 보현보살이 교화를 돕는다(그림 8-37). 그리고 극락전의 아미타불 좌우에는 관세음보살과 대세지보살이 뜻을 받들게 된다(그림 8-38). 약사전의 약사여래불 옆에는 일광보살과 월광보살이 협시보살로 배치된다. 또 보살이 주존이 되면 보살보다 위계가 낮은 협시가 함께 모셔지게 된다. 대표적으로 관음전의 관세음보살 곁에 선재동자와 해상용왕이 보필하는 경우와 지장전의 지장보살 좌우에 도명존자와 무독귀왕이 배치되는 경우를 들 수 있다.

전각이 큰 경우에는 부처님만 세 분 모시는 경우가 있다. 이런 경우 전각의 명칭에 '보(寶)' 자를 첨가한다. 대웅보전인 경우 중앙에 석가모니불을 모시고 그 왼쪽에 약사여래(동쪽), 오른쪽에 아미타불(서쪽)을 모신다(그림 8-39). 이런 구조를 삼계불(三界佛)이라고 한다. 삼계란 공간적인 세계, 즉 동, 서, 중앙의 세 가지 세계를 의미한

그림 8-37. 안성 청룡사 대웅전 소조석가여래삼존상(보물 제1789호).
석가모니불을 주존으로 좌우에 문수보살과 보현보살이 입상으로 협시하고 있다.

그림 8-38. 달성 용연사 극락전 목조아미타여래삼존좌상(보물 제1813호).
아미타불 좌우에 관세음보살과 대세지보살이 협시하고 있다.

그림 8-39. 강화 전등사 대웅보전 목조석가여래삼존불좌상(보물 제1785호).
석가모니 부처님 좌우에 약사여래, 아미타불을 배치한 삼계불이다.

다. 세 부처님은 각기 다른 공간에서 독자적인 영역을 확보하기 때문에 일반적으로 협시 보살도 함께 모시게 된다. 그런데 이런 경우 부처님과 보살은 위계가 다르므로 부처님은 크게 조성하여 앉은 자세를 취하고. 보살은 작게 만들어 서 있는 모습인데 앉은 부처의 어깨 정도 높이에 불과하다.

세 분의 부처님을 모시는 경우로는 이외에 법신, 보신, 화신의 삼신불(三身佛)을 모시는 경우도 있다. 삼신불이란 비로자나불, 노사나불, 석가모니불을 가리키는 데, 이는 부처님의 특징을 본체, 현상, 작용으로 구분하는 것이다(그림 8-40). 아주 큰 전각에는 삼신불 좌우에 약사여래불과 아미타불을 첨가해서 5불과 그 사이에 협시보살을 모시는 경우도 있다(6장 그림 6-17). 석가모니불을 중심으로 좌우에 과거불인 연등불, 미래불인 미륵불을 보시는 삼세불(三世佛)이 있다(그림 8-41).

그림 8-40. 경주 기림사 소조비로자나삼불좌상(보물 제958호).
비로자나불을 중심으로 좌우에 노사나불과 석가모니불이 모셔져 있다.

그림 8-41. 경주 불국사 대웅전 목조석가삼세불. 주불인 석가모니불의 수인이 하품하생의 미타정인을 하고 있는 점이 특이하다.
그 좌우로 미륵보살과 제화갈라보살이 모셔져 있고 그 좌우로 가섭존자와 아난존자가 모셔져 있다.

9장
부처의 무덤, 탑

I 탑의 기원과
   전래

우리나라 절에는 대부분 탑(塔)이 있다. 강당으로 사용하는 누각을 지나
대웅전 앞마당에 이르면 먼저 탑이 눈에 띈다. 대개는 삼층석탑으로 하나가 서 있지만
간혹 쌍탑으로 두 기가 서 있기도 하다. 일부 사찰에는 탑 앞 또는 쌍탑 사이에 석등이
서 있는 경우도 있다. 탑은 원래 부처님의 유골을 모신 무덤에서 유래한 것이므로 부처
님을 상징하는 신앙의 대상물이다. 불상이 조성되기 이전에는 탑을 중심으로 신앙 생활
이 이루어졌다. 불자들은 탑을 만나면 부처님을 뵌 것과 같은 마음으로 경배를 하고 탑
돌이도 한다.

탑의 기원

　　탑의 어원은 고대 인도어인 산스크리트어의 스투파(stupa)와 팔리어의 투우파(thupa)가 중국으로 전해지면서 중국식 발음인 솔도파(率堵婆, shuàidǔpó)와 탑파(塔婆, tǎpó)로 표기되고, 후에 이를 줄여서 탑으로 부르게 된 것이다. 인도에서 스투파는 '쌓아 올린다'는 말이었는데, 화장 후 유골을 묻고 그 위에 흙과 벽돌을 쌓은 돔 형태의 무덤을 지칭하게 되었다. 결국 탑의 의미는 '유골을 매장한 인도의 무덤'이다(강우방·신용철,『한국 미의 재발견 5. 탑』, 솔출판사, 2003, 13쪽).

　　부처님이 열반 후 다비한 결과 석가모니의 전신에서 6말 4되의 사리(舍利)가 나왔는데, 주변 8개국이 사리를 갖기 위해 다투는 것을 도로나(徒盧那)가 중재하여 8등분하여 각국에 나누어 주었다고 한다. 이것이 불교사에 잘 알려진 분사리(分舍利) 또는 사리팔분(舍利八分)이다. 도로나는 사리를 담았던 병으로 병탑(瓶塔)을 세웠고, 분사리 때 늦게 와 사리를 얻지 못한 모라아족은 다비 후 남은 재로 회탑(灰塔)을 세워 모두 10개의 탑이 건립되었다. 이후 인도를 통일한 마우리아 왕조의 아소카왕이 8탑에 안치되었던 불사리를 수습하여 전국에 8만 4천 탑을 세웠다. 이때부터 불교는 인도 전역과 주변 국가로 전파되기 시작하였고, 부처님을 대신하여 진신사리를 봉안한 탑을 세우고 부처님을 경배하는 탑 신앙이 전파되었다. 그러나 부처님의 진신사리는 수가 한정되어 있으므로 자연스럽게 대체할 것을 찾게 되었고, 진신사리 대신 부처님의 말씀을 기록한 경전을 넣기 시작하였다. 이것을 법신사리(法身舍利)라고 부른다. 사리와 경전을 구할 수 없는 경우에는 석가모니 화장터의 흙이나 광물질 또는 대체 용도로 쓰일 수 있는 구슬을 가지고 탑을 세우게 되었는데, 이를 변신사리(變身舍利)라고 한다. 우리나라에서는 탑 안에서 불상이 발견되는 경우가 많다. 그 예로 백제 시대 군수리 절터 목탑지에서 불상 2구, 통일신라 황복사지 삼층석탑에서 2구, 고려 시대 월정사 팔층석탑에서 1구, 조선 시대 수종사 오층석탑에서 무려 38구의 불상이 발견되었다. 이는 석가모니 자체를 그대로 무덤인 탑 안에 봉안하는 의식에서 비롯된 것으로 생각된다(강우방·신용철, 『한국 미의 재발견 5. 탑』, 솔출판사, 2003, 14~18쪽).

탑의 전래

　　　　인도에서 시작한 탑은 돌을 벽돌과 같이 다듬어 건립한 모전석탑(模塼石塔)이거나 벽돌을 사용해 건립한 전탑(塼塔)이었다. 현존하는 세계 최초의 불탑은 중인도 지방의 산치(Sanchi)에 있는 제1탑, 제2탑, 제3탑으로 이중 제1탑이 가장 완전한 형태를 보이고 있다(그림 9-1). 주변 지역에서 생산되는 적사암(赤沙岩)을 벽돌처럼 다듬어 축조하고 있어 모전석탑의 양식임을 알 수 있다. 기단부, 탑신부, 상륜부로 구성되어 있고 전체적인 평면은 원형을 이루고 있다.

　　　　이러한 인도의 탑은 중국에 전파된 후 전탑에서 목탑(木塔)으로 바뀌었으며, 이는 한국과 일본으로 전파되었다. 처음 불교가 중국으로 전래될 때 인도에서 온 승려들이 관청인 홍로시(鴻臚寺)에 묵었는데 후에 사찰을 정할 때 기존의 누(樓)나 궐(闕)이라 부르던 높은 목조 건물을 자연스럽게 탑의 의미로 받아들였다. 즉, 중국에서는 불교를 받아들일 때 새롭게 탑을 건립한 것이 아니라 기존의 고층누각을 탑으로 전용하였고, 이 같은 경향은 바로 목탑을 건립하게 되는 중요한 요인이 되었다(박경식, 『한국의 석탑』, 학연문화사, 2008). 결국 인도에서 석재와 벽돌로 탑을 만든 것에 비해 중국에서는 불교 전래 초기에 목탑이 건립되게 되었다. 이러한 탑 건립 양식은 인도에서 중국을 거

그림 9-1. 인도 산치 제1탑, 제2탑, 제3탑. 위: 산치 제1탑의 동문과 남문 사이에서 본 모습.
왼쪽 아래: 산치 제2탑. **오른쪽 아래:** 산치 제3탑 전경

처 우리나라와 일본에 전파되면서 탑의 소재와 양식이 변화되었다. 처음 불교가 중국을
거쳐 한국과 일본에 전해질 때는 목탑으로 전래되었지만 목탑은 내구성이 떨어지기 때
문에 전란이 많았던 중국과 한국에서는 각각 전탑과 석탑으로 변화되었다.

2 재료에 따른
한국 탑의 종류

탑을 축조하는 재료에 따라 목탑, 전탑, 석탑으로 나누는데(그림 9-2), 중
국의 탑은 대부분 흙을 벽돌로 만들어 쌓아 올린 전탑이며, 한국은 산재해 있는 화강암
을 다듬어 만든 석탑이 주를 이루고, 일본은 목탑이 대부분이다.

그림 9-2. **왼쪽(전탑)**: 안동 조탑동 오층전탑(보물 제57호).
가운데(석탑): 경주 국립박물관 고선사 터 삼층석탑(국보 제38호). **오른쪽(목탑)**: 보은 법주사 팔상전(국보 제55호)

그림 9-3. 보은 법주사 팔상전(국보 제55호)

목탑

　　중국을 통해 전래된 후 초기, 즉 서기 600년대까지는 목탑이 건립되었다. 현재 삼국 시대의 목탑은 한 기도 남아 있지 않다. 문헌과 발굴 조사에 의하면 고구려 시대의 평양 청암리사지(淸岩里寺址), 상오리사지(上伍里寺址), 정릉사지(定陵寺址)에서 팔각목탑지가 확인되고, 백제 시대의 익산 미륵사지(彌勒寺址), 부여 군수리사지(軍守里寺址), 부여 금강사지(金剛寺址), 익산 제석사지(帝釋寺址)에서 확인된 목탑지, 신라 시대의 경주 황룡사 구층목탑지, 흥륜사(興輪寺), 영묘사(靈妙寺) 등의 예에서 보듯 목탑을 건립하였음을 알 수 있다. 현재 남아 있는 목탑으로는 보은 법주사에 있는 팔상전을 들 수 있다(그림 9-3).

그림 9-4. **왼쪽:** 안동 신세동 칠층전탑(국보 제16호). **오른쪽:** 안동 동부동 오층전탑(보물 제56호)

석탑

　　7세기경부터 목탑에서 석탑으로 전환되는데, 이런 변화는 이행 과정 없이 즉시 이루어진 듯하다. 한국의 탑 건립 양식이 목탑에서 석탑으로 변화되는 데는 첫째, 화강암이 전국에 분포되어 있어 석탑의 재료를 쉽게 확보할 수 있었고, 둘째, 화강암의 순백색이 한국인의 정서에 맞기 때문이며, 셋째, 석재가 강건함을 지니고 있고, 넷째, 그동안 축적된 석재를 다루는 기술이 확보되어 있었기 때문으로 생각된다(박경식, 『한국의 석탑』, 학연문화사, 2008). 우리나라에 현존하는 탑은 거의 모두 석탑이므로 가히 '석탑의 나라'라고 할 만하다.

그림 9-5. **왼쪽:** 칠곡 송림사 오층전탑(보물 제189호). **오른쪽:** 여주 신륵사 다층전탑(보물 제226호)

전탑

흙으로 구운 벽돌을 쌓아 올린 탑을 전탑이라고 한다. 중국에서는 전탑
이 넓은 지역에 걸쳐 많은 양이 제작된 반면 우리나라는 제한된 지역, 특정 시기에만 건
립되었을 뿐 성행하지 못했다. 그 이유는 벽돌이라는 재료의 한계, 즉 석탑에 비해 지구
성이 떨어지기 때문인 것으로 생각된다. 전탑은 벽돌과 벽돌 사이에 틈이 생기고 시간이
지나면서 파손되어 보존에 어려움이 있다. 현존하는 전탑들은 안동 지역에 다수 남아
있고, 칠곡 송림사와 여주 신륵사에도 남아있다(그림 9-4, 9-5)

3 탑과 금당의 배치

사찰은 탑과 금당 및 그 부속 건물들로 이루어졌는데, 이를 '가람 배치'라고 한다. 가람 배치는 시대와 지역에 따라 다른 특색이 있다. 탑과 금당의 배치 형식에 따라 1탑 3금당식, 1탑 1금당식, 쌍탑 1금당식 등으로 분류한다.

중문을 지나 중정에 큰 탑을 세우고 그 탑 전면과 좌우면에 금당을 세우는 1탑 3금당식 가람 배치는 우리나라에서 가장 오래된 형식으로 주로 고구려계 사찰에서 볼 수 있다. 평양 근처에서 발굴된 고구려 절터 중 대표적인 금강사 터를 보면 중앙에 팔각목탑 터를 배치하고 사방에 세 개의 금당과 남문 터가 위치하는 전형적인 1탑 3금당식 가람 배치를 보인다(1장 그림 1-5).

백제 가람의 공통적인 특징은 남북 직선 축을 따라 대문-탑-금당-강당이 놓이고, 사방에 회랑을 둘러 중심 영역을 형성한 점이다. 이러한 가람 형식을 1탑 1금당식이라고 하는데 현재 부여 정림사 터에 잘 남아 있다(1장 그림 1-6). 익산 미륵사 터는 회랑을 둘러 동-중-서 세 영역으로 구획하고, 각 영역에는 금당과 탑 한 개씩 배치하였는데, 마치 1탑 1금당식 가람 세 개를 병렬로 배치한 형식으로 특이하다(1장 그림 1-7).

　　이런 가람 배치는 통일신라에 들어와 법화 사상이 전파되면서 2탑 1금당식으로 변화된다. 679년에 창건된 사천왕사를 보면 회랑을 둘러 장방형 영역을 형성하고, 남북 직선 축에 대문-금당-강당을 일렬로 배치하였다. 여기까지는 백제의 1금당 형식을 따랐다고 할 수 있지만, 금당 전면 좌우에 한 쌍의 목탑을 세워 2탑 1금당 형식으로 발전하였다. 이런 형식은 감은사에서 금당 앞에 거대한 삼층석탑 2기를 세워 쌍탑식 가람 형식을 완성한다.

4 석탑의 구조 및 용어

석탑은 기단부, 탑신부, 상륜부로 구성되어 있다. 각 부위별 용어와 설명은 한국 석탑의 정형(定型)인 불국사 삼층석탑을 표본으로 해서(그림 9-6) 박경식의 『한국의 석탑』(학연문화사, 2008)에서 인용하여 요약한다.

1) 기단부(基壇部)

석탑의 가장 아래 부분에 지면으로부터 높게 하기 위해 만든 단을 기단이라 하며 단층 기단과 이중 기단의 두 종류가 있다. 각 부위별 용어를 설명하면 다음과 같다.

- **단층 기단:** 한 층으로 구성된 기단. 삼국 시대 석탑에서 축조되다가 통일신라 후기에 다시 활용된 기단이다. 고려 및 조선 시대의 대다수 석탑은 이 형식을 보인다.

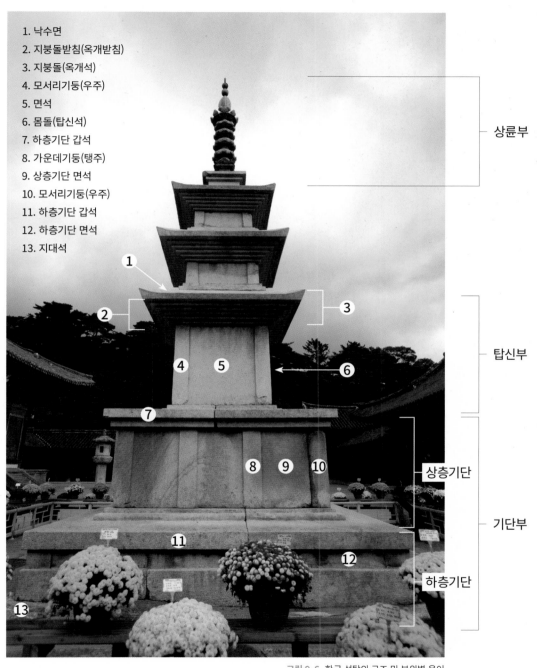

1. 낙수면
2. 지붕돌받침(옥개받침)
3. 지붕돌(옥개석)
4. 모서리기둥(우주)
5. 면석
6. 몸돌(탑신석)
7. 하층기단 갑석
8. 가운데기둥(탱주)
9. 상층기단 면석
10. 모서리기둥(우주)
11. 하층기단 갑석
12. 하층기단 면석
13. 지대석

상륜부

탑신부

상층기단

기단부

하층기단

그림 9-6. 한국 석탑의 구조 및 부위별 용어

- **이층 기단**: 2개의 층으로 구성된 기단. 통일신라 시대에 건립된 석탑 대부분이 이 형식을 보인다.

- **지대석(地臺石)**: 기단이 지면과 닿는 부분에 사용되는 석재

- **하층 기단 갑석(下層基壇甲石)**: 하층 기단의 맨 위에 놓이는 석재

- **우주(隅柱; 모서리 기둥)**: 상·하층 기단의 면석과 탑신석의 양쪽 모서리에 세운 기둥. 삼국 시대 및 통일신라 초기에 세운 석탑에서는 별도의 돌로 조성하지만, 이후에 세운 탑에서는 돌을 깎아내어 도드라지게 만든다.

- **탱주(撐柱; 탑신을 지탱하는 가운데 기둥)**: 상·하층 기단의 면석과 탑신석에서 우주의 안쪽에 조식되는 기둥. 삼국 시대 및 통일신라 초기에 세운 석탑에서는 별도의 돌로 조성하지만, 이후에 세운 탑에서는 돌을 깎아내어 도드라지게 만든다. 대체로 3개에서 1개까지 변화를 보이지만 건립 시기가 앞설수록 그 수가 많다. 통일신라 시대 석탑의 건립 시기를 구별하는 척도로 이용된다.

2) 탑신부(塔身部)

- **탑신부**: 기단부의 위에 놓인 부분으로 탑신(몸돌)과 지붕돌(옥개석)을 지칭한다.

- **탑신석**: 석탑의 몸체에 해당하는 부분으로 목조 건물이 지닌 생활 공간의 의미를 내포하고 있다. 주로 한 장의 돌로 구성하며 각 면에는 우주를 새기고 있다.

- **지붕돌(옥개석屋蓋石)**: 탑신석 위에 놓이는 것으로 목조 건축의 지붕에 해당한다.

- **지붕받침(옥개받침)**: 지붕돌의 하면에 조출되는 각형 받침. 이 받침은 석탑을 건립한 국가 및 시기에 따라 다르지만 일반적으로 매 층마다 5단의 받침을 두는 것이 기본 양식이다.

- **낙수면**: 지붕돌에 형성되는 지붕의 면. 건립 시기에 따라 낙수면의 경사도와 길이가 다

르다. 시대가 앞설수록 길이가 길고 경사가 완만하다.

3) 상륜부(相輪部)

- **상륜부:** 석탑의 가장 위층 지붕돌 위에 놓이는 부재(部材)로 찰주(刹柱)를 중심으로 아래로부터 노반(露盤), 복발(覆鉢), 앙화(仰花), 보륜(寶輪), 보개(寶蓋), 수연(水煙), 용차(龍車), 보주(寶珠)로 구성되어 있다. 남원 실상사 삼층석탑에서 완전한 형태를 볼 수 있다(그림 9-7).

- **찰주(刹柱):** 상륜부를 구성하기 위해 석탑의 마지막 층 지붕돌로부터 박혀 있는 철제 축. 감은사지 삼층석탑에서 그 예를 볼 수 있다.

- **노반(露盤):** 마지막 층의 지붕돌 위에 놓이는 방형의 부재로 승노반(承露盤)의 준말이다. 이슬을 받는 그릇이란 의미인데, 석탑이 신성한 조형물임을 상징한다.

- **복발(覆鉢):** 노반 위에 엎어놓은 반구형의 장식으로 극락정토를 상징한다.

- **앙화(仰花):** 연꽃이나 잎이 하늘을 향해 활짝 핀 형상의 부재. 늘 귀하고 깨끗한 곳임을 상징한다.

- **보륜(寶輪):** 전륜성왕을 상징하는 둥근 형태의 부재. 불법을 전파한다는 의미를 갖고 있다.

- **보개(寶蓋):** 천개라고도 하며 귀한 신분을 상징한다.

- **수연(水煙):** 불꽃 모양의 장식으로 불법이 사바세계에 두루 비친다는 의미가 있다.

- **용차(龍車):** 원구형의 장식이다. 만물을 지배하고 변화시킬 수 있다는 위대한 힘, 즉 전륜성왕의 자리임을 상징한다.

- **보주(寶珠):** 상륜부의 가장 정상에 놓이는 원구형의 부재로, 보배로운 구슬이란 뜻에 비추어 득도의 개념으로 이해된다.

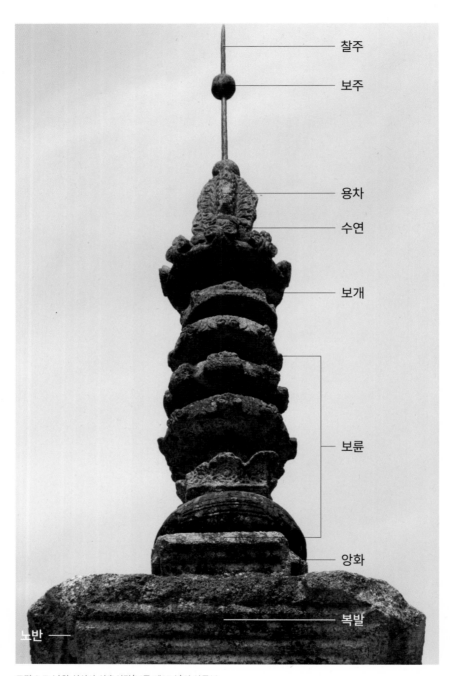

찰주

보주

용차

수연

보개

보륜

앙화

복발

노반

그림 9-7. 남원 실상사 삼층석탑(보물 제37호)의 상륜부

5   탑의 장엄

탑은 부처님의 유골을 묻은 무덤으로 출발하여 사리, 불상, 불경을 모신 것이므로 불자에겐 탑이 바로 불신, 진리가 된다. 따라서 탑을 장엄한다는 것은 건축물로서의 탑을 아름답게 꾸민다는 것이 아니라 진리 그 자체를 아름답게 꾸미려는 신앙심을 의미하게 된다. 즉, 탑 안에 봉안된 사리를 수호하고 봉안하는 것이다.

우리나라 석탑의 기본 형식은 평면 4면의 구조에 2중의 기단을 가진 형태이다. 기둥과 기둥 사이에 생긴 면석(面石)이 8세기 석탑에선 하층 기단이 12면, 상층 기단이 8면으로 나타나며, 9세기 석탑인 경우에는 하층 기단에 8~12면, 상층 기단에 8면이 나타난다. 이들 공간에 사방불(四方佛), 보살상(菩薩像), 제석천왕(帝釋天王), 범천상(梵天像), 금강역사상(金剛力士像), 사천왕상(四天王像), 팔부중상(八部衆像), 십이지상(十二支像), 천인상(天人像), 안상(眼像) 등 종류와 형태를 달리하는 다양한 조각이 화려하게 장엄된다(강우방·신용철, 『한국 미의 재발견 5. 탑』, 솔출판사, 2003, 73쪽).

하층 기단에는 주로 십이지상이 조각되지만 8면으로 구성된 경우에는 비천상이 조각되기도 한다(그림 9-8). 상층 기단에는 8면에 팔부중상이 조각되며(그림 9-9 왼쪽), 1층 탑신에는 문비와 인왕상(그림 9-9 오른쪽) 또는 사천왕상, 사방불 또는 보살상 등이 조각된다(그림 9-10). 이러한 다양한 부조상은 단독으로 또는 여러 부조상들이 조합되어 나타나기도 한다. 일반적으로는 구례 화엄사 서오층석탑(보물 제133호)에서 보는 바와 같이 하층기단부터 십이지상-팔부중상-사천왕상으로 이어지는 순서로 표현하는 것이 보편적이다(그림 9-11). 장엄이 화려한 석탑으로는 양양 진전사지 삼층석탑(국보 제122호), 경주 장항리사지 서오층석탑(국보 제236호), 경주 원원사지 삼층석탑(보물 제1429호), 양양 선림원지 삼층석탑(보물 제444호) 등을 들 수 있다.

그림 9-8. 하층 기단의 십이지상, 비천상. **왼쪽:** 구례 화엄사 서오층석탑(보물 제133호) 하층 기단의 십이지상.
오른쪽: 양양 진전사지 삼층석탑(국보 제122호) 하층 기단의 비천상

그림 9-9. 상층 기단의 팔부중상. **왼쪽:** 양양 진전사지 삼층석탑(국보 제122호) 상층 기단.
오른쪽: 경주 장항리사지 오층석탑(국보 제236호) 1층 탑신의 문비와 인왕상

그림 9-10. **왼쪽:** 구례 화엄사 서오층석탑(보물 제133호) 1층 탑신의 사천왕상.
오른쪽: 양양 진전사지 삼층석탑(국보 제122호) 1층 탑신의 사방불

그림 9-11. 구례 화엄사 서오층석탑(보물 제133호).
하층 기단-상층 기단-1층 탑신에 각각 십이지상-팔부중상-사천왕상 순으로 조각되었다.

6 시대별 한국의 석탑

삼국 시대

한반도에 사찰이 건립되기 시작한 후 6세기 말까지는 주로 목탑이 건립된 것으로 추정된다. 다만 전란이 많았던 탓에 다 소실되고 현재 목탑이 하나도 남아 있지 않다. 발굴 조사에 의하면 신라 시대 목탑으로는 황룡사 구층목탑이 가장 유명하다. 선덕여왕 14년(645년)에 건립되어 고려 목종 25년(1238년) 몽고군에 의해 불타 없어질 때까지 신라인의 상징이었다. 발굴 조사 결과 기단부는 정면 7칸, 측면 7칸의 정사각형으로, 심초석을 제외하고 총 64개의 초석 위에 세웠다. 기둥 초석과 초석 간의 거리는 평균 3.15m이며, 한 변의 길이는 약 22.1m이다. 높이는 대략 78.75m로 추정된다(강우방·신용철, 『한국 미의 재발견 5. 탑』, 솔출판사, 2003, 117쪽). 현재까지 알려진 바로는 가장 높고 큰 목탑으로 그 탑의 모습을 상상할 뿐이다(그림 9-12).

그림 9-12. 경주 황룡사지 발굴 현장(왼쪽 사진) 및 구층목탑 모형(10분의 1; 오른쪽 사진)

목탑의 시기를 지나 우리나라에서 석탑이 건립되기 시작한 것은 서기 600 년경으로 추정된다. 7세기에 건립된 백제 시대 석탑으로는 우리나라 최초의 석탑인 익산 미륵사지 석탑(국보 제11호)과 정림사지 오층석탑(국보 제9호)이 남아있다(그림 9-13). 이 시기의 석탑은 목탑의 기본적 구조를 본떠 나무 대신 화강암 석재를 사용하였다. 7세기 초에 이르러 백제인들은 기존의 목조 건축에서 탈피하여 오래 보존이 가능한 석재로 탑을 세워 우리나라가 소위 '석탑의 나라'가 되는 시원이 되었다(박경식, 『한국의 석탑』, 학연출판사, 2008).

정림사지 오층석탑은 기단을 낮게 하고, 1층 탑신을 높게 하면서 2층 탑신 부터 높이와 너비를 줄여 시각을 1층에 머물게 하는 기법을 사용하고 있다. 지붕돌은 얇게 옆으로 뻗어가면서 약 1/10 지점에서 끝이 살짝 위로 올라간다(그림 9-13). 1층 탑신 네 모서리 기둥에는 소정방(蘇定方)이 백제를 평정하고 기념하는 글씨가 음각되어 있다. 이 때문에 한때, 특히 일본인들이 이 탑을 평제탑(平濟塔, 백제를 멸망시키고 세운 기념 탑)이라는 오명을 붙인 적이 있다.

그림 9-13. 부여 정림사지 오층석탑(국보 제9호)

그림 9-14. **왼쪽:** 경주 분황사 모전석탑(국보 제30호). **오른쪽:** 의성 탑리 오층석탑(국보 제77호)

신라에서 건립된 석탑은 선덕여왕 3년(634년)에 세운 분황사 모전석탑(模塼石塔)과 의성 탑리 오층석탑이 남아있다. 분황사 모전석탑(국보 제30호)은 신라에서 건립된 석탑 중 가장 오래된 것으로 돌 하나하나를 벽돌처럼 깎아서 만든 탑으로 멀리서 보면 전탑 같기 때문에 모전석탑이라 한다. 원래 9층이었다는 기록이 있으나 지금은 3층만 남아있다. 1층 탑신에는 4면마다 중앙에는 감실(龕室)을 조성하고 좌우에 문짝을 달았다. 감실 입구 좌우에는 모두 인왕상이 조각된 판석을 끼웠는데 힘차고 역동적인 모습을 볼 수 있다(그림 9-14 왼쪽).

의성 탑리 오층석탑(국보 제77호)은 현존하는 신라 석탑 중 분황사 모전석탑 다음으로 건립된 석탑으로 모전석탑임에도 불구하고 기단은 석탑식, 탑신의 기둥은 목탑식, 지붕의 구조는 전탑식으로 모든 탑의 형식을 고루 갖추고 있는 점이 특이하다(그림 9-14 오른쪽).

그림 9-15. 경주 감은사지 삼층석탑(국보 제112호)

통일신라 시대

1) 7세기 석탑, 전형 양식(典型樣式)

삼국이 통일된 후 신문왕 1년(682년) 때 건립된 경주 감은사지 삼층석탑 (국보 제112호)은 쌍탑으로 통일신라, 고려를 거쳐 조선 시대까지 세워지는 모든 석탑의 시원이 되는 석탑이다(그림 9-15). 석탑은 백제에서 시작되었지만 미륵사지 석탑에서 보듯이 다만 재료가 석재일 뿐 전체적으로 목탑의 구조를 그대로 본뜨고 있었다. 이러한 복잡한 목조 구조를 단순화시킨 석탑 양식은 감은사지 석탑에서 시작된다.

　　　감은사지 석탑이 기존의 다른 석탑과 가장 큰 차이점은 기단이 이중 기단이라는 점이다. 이는 목탑의 구조에서 완전히 벗어났음을 의미한다. 이중 기단으로 인해 상대적으로 탑신이 지상에서 높아져 전체적으로 매우 안정된 모습을 보인다. 이 탑은 신

그림 9-16. 경주 고선사지 삼층석탑(국보 제38호)

그림 9-17. **왼쪽:** 경주 나원리 오층석탑(국보 제39호). **오른쪽:** 경주 장항리사지 오층석탑(국보 제236호)

라 시원기 석탑보다는 진전되었고, 정형기(定型期)를 대표하는 불국사 삼층석탑보다는 뒤지고 있어 고선사지 삼층석탑과 더불어 신라 석탑 발달사에서 전형기 석탑으로 분류 되고 있다(박경식, 『한국의 석탑』, 학연문화사, 2008).

국립경주박물관에 있는 고선사지 삼층석탑(국보 제38호)도 감은사지 석 탑과 마찬가지로 통일신라 시대 석탑 양식의 전형적인 형태를 취한다(그림 9-16). 건립 시기는 확실하지 않으나 감은사지 석탑과 같은 양식을 감안할 때 686년 이전으로 추정

그림 9-18. 경주 불국사 삼층석탑(국보 제21호)

된다(박경식, 『한국의 석탑』, 학연문화사, 2008).

2) 8세기 석탑, 정형 양식(定型樣式)

감은사지 삼층석탑에서 한국 석탑의 정형인 불국사 삼층석탑으로 넘어가
는 중간 과정, 즉 8세기에 건립된 석탑으로는 경주 나원리 오층석탑(국보 제39호, 그림
9-17 왼쪽), 경주 장항리사지 오층석탑(국보 제236호, 그림 9-17 오른쪽), 경주 구황동

그림 9-19. 경주 불국사 대웅전 앞의
삼층석탑(일명 석가탑, 국보 제21호)과 다보탑(국보 제20호)

그림 9-20. **왼쪽 위**: 갈항사지 삼층석탑(국보 제99호). **오른쪽 위**: 창녕 술정리 동삼층석탑(국보 제34호).
왼쪽 아래: 경주 천군동 삼층석탑(보물 제168호). **오른쪽 아래**: 경주 원원사지 삼층석탑(보물 제 1429호)

(九黃銅) 삼층석탑(국보 제37호) 등이 있다.

한국 석탑은 8세기 중반에 그 양식을 완성하는데, 이를 대표하는 석탑은 단연 경주 불국사의 삼층석탑(국보 제21호)이다(그림 9-18, 9-19).

경주 불국사 삼층석탑과 경주 불국사 다보탑(국보 제20호)은 절의 대웅전 앞뜰 동·서쪽에 각각 세워져 있는데, 서쪽 탑이 삼층석탑이다. 탑의 원래 이름은 '석가여래상주설법탑(釋迦如來常住設法塔)'으로, '석가탑'이라고 줄여서 부른다. 두 탑을 같은 위치에 세운 이유는 '현재의 부처'인 석가여래가 설법하는 것을 '과거의 부처'인 다보불(多寶佛)이 옆에서 옳다고 증명한다는 『법화경』의 내용에 따른 것이다. "불국사고금창기(佛國寺古今創記)"에 기록된 백제 아사달과 아사녀의 애달픈 사랑 이야기로 인해 '무영탑(無影塔)'이라 불리기도 한다. 석가탑과 다보탑은 우리나라의 가장 대표적인 석탑으로, 높이도 각 10.75m, 10.29m로 비슷하다(그림 9-19).

불국사 삼층석탑(국보 제21호)은 상하 2층 기단 위에 3층의 탑신을 올린 평면 방형의 일반형 석탑이다(그림 9-18). 상, 하층기단 모두 면석에는 두 개의 모서리기둥과 가운데기둥이 모각되어 있다. 탑신부는 탑신석과 지붕돌이 각각 한 장의 돌로 구성되어 있고, 지붕돌 하면에는 매층 각 5단의 받침으로 구성되어 있다. 낙수면이 경사가 완만하고, 추녀는 수평을 이루다가 전각에 이르러 날렵한 반전을 이룬다(박경식, 『한국의 석탑』, 학연문화사, 2008).

석가탑과 같은 시기에 건립된 정형기 석탑으로는 갈항사지 삼층석탑(국보 제99호, 그림 9-20 왼쪽 위), 경주 천군동 동서삼층석탑(보물 제168호, 그림 9-20 왼쪽 아래), 경주 원원사지 삼층석탑(보물 제1429호, 그림 9-20 오른쪽 아래), 청도 봉기동 삼층석탑(보물 제113호), 창녕 술정리 동삼층석탑(국보 제34호, 그림 9-20 오른쪽 위) 등이 있다.

그림 9-21. 9세기 전기 석탑. **왼쪽:** 해남 대흥사 삼층석탑(보물 제320호).
오른쪽: 경주 남산동 서삼층석탑(보물 제124호)

3) 9세기 석탑, 정형 양식의 전국화

　　8세기에 건립된 석탑은 앞에서 살펴본 바와 같이 경주 불국사 삼층석탑에서 확립된 정형 양식을 충실하게 따르며 하나같이 동일한 양식을 보인다. 9세기에 접어들면서 양식에 변화가 나타나면서 보다 더 활달하게 발전하고 자유로운 표현이 가능해지고, 경주 일대에 건립되던 석탑이 전국적으로 확산하는 경향을 보인다. 양식적인 특성을 살펴보면 기단과 탑신의 부재가 단순화되면서 대신 장엄이 조식되는 특성을 나타낸다(그림 9-21, 9-22).

그림 9-22. 9세기 후기 석탑. 위: 장흥 보림사 삼층석탑(국보 제44호).
왼쪽 아래: 양양 선림원지 삼층석탑(보물 제444호). 오른쪽 아래: 양양 진전사지 삼층석탑(국보 제122호)

4) 특수형 석탑의 발생과 조형

특수형 석탑이란 말 그대로 전형적인 양식에서 벗어나 특이한 형태를 보이는 이형적인 석탑을 말한다. 신라의 석탑은 분황사 모전석탑에서 출발해서 감은사지 삼층석탑을 거쳐 불국사 삼층석탑에 이르러 그 정형을 이룬다. 즉, 방형의 평면에 2층 기단을 세우고 그 위에 3층 또는 5층 탑신을 세운다. 그런데 8세기 중반에 들어서면서 기존의 틀에서 벗어나 파격적인 양식을 보이는 이형적인 석탑이 나타난다. 통일신라 시대에 나타나기 시작한 특수한 양식의 석탑을 분류하면 다음과 같다. 이곳에서는 박경식 교수의 분류를 인용한다(박경식, 『한국의 석탑』, 학연문화사, 2008).

가. 기존 양식을 완전히 깨트린 것, 불국사 다보탑(多寶塔)이 유일

경주 불국사 다보탑(국보 제20호)은 대웅전 앞에 있는 2개의 탑 중 동쪽에 있는 탑이다. 다보탑이란 명칭은 법화경(法華經) 견보탑품(見寶塔品)에서 유래한다. 즉, 다보여래는 석가모니가 설법하는 곳에 나타나 "잘하는 일이다. 잘하는 일이다. 석가모니 세존이 두루 누구에게나 다 평등한 큰 지혜로써 묘법연화경의 진리를 가르치시니 그가 말하는 바는 모두 진실이요, 틀림이 없다"라고 찬양했다는 경전의 내용에 근거한다. 이 석탑은 신라 석탑이 지닌 일반적인 양식과 같이 기단부, 탑신부, 상륜부로 구성되어 있지만, 석탑에 구현된 기발한 양식과 더불어 기단부는 방형으로, 탑신부는 8각형의 평면 구도가 복합된 형식을 보이고 있어 특수형 석탑으로 분류되고 있다(그림 9-23).

나. 기본 양식을 지니면서 일부에서만 변형을 가해 건립된 것

이러한 양식을 가진 석탑으로는 화엄사 사사자석탑(국보 제35호, 그림 9-24), 경주 석굴암 삼층석탑(보물 제911호), 경주 정혜사지 십삼층석탑(국보 제40호), 철원 도피안사 삼층석탑(보물 제223호, 그림 9-25) 등이 대표적이다.

화엄사 사사자석탑(국보 제 35호)은 화엄사의 서북방 높은 대지 위에 세

그림 9-23. 경주 불국사 다보탑(국보 제20호). **왼쪽**: 전경.
오른쪽: 하층 기단 상면의 석사자. 원래는 각 면에 총 4마리의 석사자를 배치했는데, 현재는 한 마리만 남아 있다.

그림 9-24. 구례 화엄사 사사자삼층석탑(국보 제35호) 전경

그림 9-25. 철원 도피안사 삼층석탑(보물 제223호).
기단은 그 구조가 특이해서 8각 모양의 돌로 높게 2단을 쌓았다.
하층 기단의 맨 윗돌에는 연꽃 무늬의 조각이 새겨져 있다.
상층 기단은 매우 높으나 각 면에 꾸밈이 없다.

워졌는데, 2층 기단 위에 3층의 탑신을 놓은 평면 방형의 일반형 석탑으로 높이는 5.5m 이다. 그러나 상층 기단에 설치한 사자와 승상(僧像)으로 인해 전형적인 신라 석탑에서 벗어난 모습을 보이고 있어 특수형 석탑으로 분류된다.

하층 기단의 각 면에는 모서리기둥만 있을 뿐 가운데기둥을 생략하고 각 면에 3구씩 안상을 조각했는데, 안에는 동적인 비천상을 하나씩 모두 12개를 양각하였 다. 상층 기단은 일반형 석탑과는 달리 각 모서리마다 사자를 한 마리씩 배치하고, 중앙 에는 승상을 하나 세웠다. 사자는 모두 앞발을 뻗고 뒷발을 구부리고 복연이 조식된 원 형 대좌 위에 앉아 정면을 응시하고 있다(그림 9-24)

석탑의 전면에 위치한 석등은 간주석에 공양상을 배치한 특수형이다. 연 화대석에 앉아 있는 공양상은 3개의 원형 기둥 안에 있는데, 화엄사를 창건한 연기 조 사(緣起祖師)라고 전한다(그림 9-24 사진의 오른쪽). 공양상은 정면의 석탑을 응시하 고 있는데, 상층 기단 중앙에 있는 승상과 상하관계를 보이고 있다. 이러한 구도로 보아 석탑의 승상은 연기 조사의 어머니이고, 공양상은 연기 조사라는 설정이 이루어진다. 이 석탑이 있는 언덕을 효대(孝臺)라고 하는 것도 이와 관계가 있다고 생각된다(박경식, 『한국의 석탑』, 학연문화사, 2008).

다. 새로운 양식의 석탑

모전석탑을 지칭하는 것으로 경주 남산리 동삼층석탑(보물 제 124호), 경 주 서악리 삼층석탑(보물 제65호), 선산 죽장동 오층석탑(국보 제130호, 그림 9-26 왼 쪽)과 선산 낙산동 삼층석탑(보물 제469호, 그림 9-26 오른쪽) 등이 대표적인 석탑이다.

라. 표면 전체에 장엄 조식이 있는 탑

석탑 표면 전체에 장엄을 한 석탑으로는 남원 실상사 백장암 삼층석탑(국 보 제10호)이 유일하다. 낮은 단층 기단 위에 3층의 탑신을 올린 5m 높이의 일반형 석탑

그림 9-26. **왼쪽:** 선산 죽장동 오층석탑(국보 제130호). **오른쪽:** 선산 낙산동 삼층석탑(보물 제469호)

그림 9-27. 남원 실상사 백장암 삼층석탑(국보 제10호)

이지만, 기단으로부터 탑신 전체에 걸쳐 구조와 조각에서 특이한 양식과 수법을 보이고 있다. 즉, 일반적인 탑은 위로 올라갈수록 너비와 높이가 줄어드는 데 비해 이 탑은 너비가 거의 일정하다. 또한 탑 전체에 조각이 가득하여 기단은 물론 탑신에서 지붕에 이르기까지 다양한 조각이 나타난다(그림 9-27 왼쪽). 기단과 탑신 고임에는 난간 모양을 새겨 멋을 내었고, 탑신의 1층에는 보살상(菩薩像)과 신장상(神將像)을, 2층에는 음악을 연주하는 천인상(天人像)을, 3층에는 천인좌상(天人坐像)을 새겼다(그림 9-27 오른쪽). 통일신라 시대 후기에 세워진 것으로 추측되는 이 탑은 갖가지 모습들의 조각으로 화려하게 장식하는 등 형식에 얽매이지 않은 자유로운 구조가 돋보이고 있어, 당시를 대표하는 아름다운 석탑 중 하나라 할 수 있다(문화재청 자료에서 인용).

고려 시대

삼국 시대에서 시작된 한국 석탑은 통일신라에서 그 양식이 완성되었다. 고려 시대에는 이미 축적된 기술을 바탕으로 통일신라 석탑의 양식을 계승하면서 고려만의 특징을 지닌 여러 유형의 석탑으로 발전한다. 지역적 특성이 가미된 다양한 형식의 석탑이 건립되는데, 고구려, 백제, 신라의 옛 영토 안에서 건립된 석탑이 삼국 시대에 확립된 양식이 재현되는 특성을 보인다. 따라서 고려 시대 석탑은 지역적인 기반을 중심으로 고구려계 석탑, 백제계 석탑, 신라계 석탑, 고려식 석탑, 특수 양식의 5가지 유형으로 분류되고 있는데, 박경식 교수의 『한국의 석탑』(학연출판사, 2008)을 인용하여 기술하면 다음과 같다.

그림 9-28. 평창 월정사 팔각구층석탑(국보 제48호) 전경(왼쪽 사진)과 상륜부(오른쪽 사진)

1) 고구려계 석탑

고구려 수도였던 평양을 중심으로 건립된 석탑으로 모두 기단부터 탑신까지 전체를 팔각형으로 조성하고, 탑의 층수도 5층, 7층, 9층 등 다양하게 건립하여 '팔각다층석탑'이라고 부르고 있다. 현존하는 팔각다층석탑은 모두 북한에 있어 실물을 볼 수 없다. 다만 남한에 건립된 평창 월정사 팔각구층석탑(국보 제48호)에서 그 양식을 살펴볼 수 있다.

평창 월정사 팔각구층석탑은 8각 모양의 2단 기단 위에 9층의 탑신을 올린 뒤, 머리장식을 얹어 마무리한 모습이다. 탑신부는 일반적인 석탑이 위층으로 올라갈수록 급격히 줄어드는 모습과 달리 2층 탑신부터 거의 같은 높이를 유지하고 있으며(그림 9-28 왼쪽), 지붕돌 위로는 상륜부가 완벽하게 남아 있는데, 아랫부분의 노반, 복발, 앙화, 보륜까지는 돌로, 그 윗부분 찰주를 비롯하여 보개, 수연, 용차, 보주는 금동으로 만들어서 화려한 아름다움을 더해주고 있다(그림 9-28 오른쪽). 고려 시대가 되면 4각형 평면에서 벗어난 다각형의 다층석탑이 우리나라 북쪽 지방에서 주로 유행하게 되는데, 이 탑도 그러한 흐름 속에서 만들어진 것으로, 고려 전기 석탑을 대표하는 작품이다(문화재청 자료에서 인용).

2) 백제계 석탑

백제 영토였던 충청도와 전라도 지역에 건립된 일군의 석탑으로 익산 미륵사지 석탑과 부여 정림사지 오층석탑의 양식을 기본으로 삼아 건립되어 백제계 석탑이라고 부른다. 현존하는 순수 백제계 석탑으로는 익산 왕궁리 오층석탑(국보 제 289호, 그림 9-29 왼쪽), 부여 무량사 오층석탑(보물 제185호, 그림 9-29 오른쪽), 부여 장하리 삼층석탑(보물 제184호), 서천 비인 오층석탑(보물 제224호), 정읍 은선리 삼층석탑(보

그림 9-29. **왼쪽:** 익산 왕궁리 오층석탑(국보 제289호).
오른쪽: 부여 무량사 오층석탑(보물 제185호)

물 제167호), 김제 귀신사 삼층석탑(전북유형문화재 제62호)을 들 수 있다.

3) 신라계 석탑

　　신라의 영토였던 경상도와 경기도 일원에 건립된 일군의 석탑으로 부분적
으로는 충청도 지방에서도 나타난다. 외형적으로는 불국사 삼층석탑에서 확립된 양식
을 계승하고 있어 신라계 석탑으로 분류한다. 가장 대표적인 탑으로는 예천 개심사지 오
층석탑(보물 제53호, 그림 9-30 왼쪽), 천안 천흥사지 오층석탑(보물 제354호), 서산 보

그림 9-30. **왼쪽:** 예천 개심사지 오층석탑(보물 제53호). 하층 기단의 12지신상, 상층 기단의 팔부중상, 1층 탑신에는 문비와 그 좌우로 인왕상이 새겨져 있다. **오른쪽:** 서산 보원사지 오층석탑(보물 제104호). 하층 기단에는 사자상, 상층 기단에는 팔부중상, 1층 탑신에는 문짝 모양을 새겼다.

원사지 오층석탑(보물 제104호, 그림 9-30 오른쪽), 광주 춘궁리 삼층석탑(보물 제13호) 등을 들 수 있다.

(4) 고려식 석탑

고려식 석탑이란 고구려계, 백제계, 신라계 석탑이 삼국 시대에 확립된 양식 재현에 치중했음에 비해 고려 시대만의 독자적인 양식을 갖춘 일군의 석탑을 말한다. 이 계통의 석탑은 고려 시대에 건립된 다수의 탑을 포함하고 있는데, 대표적인 예로 남

그림 9-31. **왼쪽:** 남계원 칠층석탑(국보 제100호). **오른쪽:** 강릉 신복사지 삼층석탑(보물 제87호)

그림 9-32. **왼쪽:** 충주 미륵사지 오층석탑(보물 제95호). **오른쪽:** 공주 마곡사 오층석탑(보물 제799호)

그림 9-33. **왼쪽:** 화순 운주사 원형다층석탑(보물 제798호).
오른쪽: 화순 운주사 발형다층석탑(鉢形多層石塔; 전남 유형문화재 제282호)

계원 칠층석탑(국보 제100호, 그림 9-31 왼쪽), 강릉 신복사지 삼층석탑(보물 제87호, 그림 9-31 오른쪽), 충주 미륵사지 오층석탑(보물 제95호, 그림 9-32 왼쪽), 청원 계산리 오층석탑(보물 제511호), 공주 마곡사 오층석탑(보물 제799호, 그림 9-32 오른쪽) 등을 들 수 있다.

이외에도 보물급 문화재로는 서울 홍제동 오층석탑(보물 제166호), 안성 죽산리 오층석탑(보물 제435호), 당진 안국사지 석탑(보물 제101호) 등을 들 수 있다.

5) 특수형 석탑

가. 기존에 건립된 석탑의 양식에서 완전히 탈피해서 새롭게 등장한 석탑

그림 9-34. 제천 사자빈신사지 사사자구층석탑(보물 제94호) 전경

그림 9-35. **왼쪽:** 의성 빙산사지 오층석탑(보물 제327호). **오른쪽:** 정선 정암사 수마노탑(보물 제410호)

화순 운주사 원형다층석탑(보물 제798호, 그림 9-33 왼쪽)과 화순 운주사 발형다층석탑(鉢形多層石塔; 전남 유형문화재 제282호, 그림 9-33 오른쪽)이 해당된다(박경식,『한국의 석탑』, 학연출판사, 2008).

나. 사사자석탑의 양식을 계승한 석탑

제천 사자빈신사지 사사자구층석탑(보물 제94호, 그림 9-34), 홍천 괘석리 사사자삼층석탑(보물 제540호), 함안 주리사지 사사자삼층석탑(경남 유형문화재 제8호) 등이 있다.

다. 전탑 및 모전석탑의 양식을 계승한 석탑

영양 봉감 모전오층석탑(국보 제187호), 제천 장락리 칠층석탑(보물 제459호), 의성 빙산사지 오층석탑(보물 제327호, 그림 9-35 왼쪽), 정선 정암사 수마노탑(보물 제410호, 그림 9-35 오른쪽) 등이 대표적이다.

라. 기타 특수탑

청석탑이라 불리는 김제 금산사 육각다층석탑(보물 제27호, 그림 9-36 왼쪽)과 중국의 영향을 받은 보협인석탑, 경천사지 십층석탑(국보 제86호, 그림 9-36 오른쪽), 그리고 산천비보사상에 의해 건립된 영동 영국사 망탑봉 삼층석탑(보물 제535호) 등이 있다.

조선 시대

조선 시대는 숭유배불 정책으로 인해 불교가 위축됨으로 인해 탑의 건립이 아주 적었다. 조선 시대에 건립된 석탑은 10여 기에 불과하다. 이 시대에는 목탑과 석

그림 9-36. **왼쪽:** 김제 금산사 육각다층석탑(보물 제27호). **오른쪽:** 경천사지 십층석탑(국보 제86호)

탑이 조성되었는데, 현존하는 목탑으로는 보은 법주사 팔상전과 화순 쌍봉사 대웅전을 들 수 있다. 석탑의 양식은 통일신라 시대 이래 유지된 일반형과 특수형 석탑의 두 가지로 대별할 수 있다. 일반형 석탑으로는 양양 낙산사 칠층석탑(보물 제499호, 그림 9-37 왼쪽), 여주 신륵사 다층석탑(보물 제225호, 그림 9-37 가운데), 의정부 회룡사 오층석탑, 안성 청원사 칠층석탑, 가평 현등사 삼층석탑, 청주 보살사 삼층석탑, 함양 벽송사 삼층석탑, 산청 대원사 다층석탑을 대표적인 것으로 들 수 있다. 특수형 석탑으로는 원각사지 십층석탑, 수종사 팔각오층석탑(보물 제1808호, 그림 9-37 오른쪽), 묘적사 팔각다층석탑을 들 수 있다.

그림 9-37. **왼쪽:** 양양 낙산사 칠층석탑(보물 제499호). **가운데:** 여주 신륵사 다층석탑(보물 제255호).
오른쪽: 남양주 수종사 팔각오층석탑(보물 제1808호).

10장
승려의 무덤, 승탑

1 승탑(僧塔)의 기원

　　석가모니 부처님의 사리를 보관한 것을 탑이라고 하듯이 수행이 높았던 스님을 부처와 같은 대우를 해서 스님의 사리를 모신 곳을 승탑(僧塔)이라고 한다. 그러나 승탑이라는 생소한 명칭보다는 부도(浮屠)라는 명칭을 더 흔히 사용하고 있다. 부도는 부도(浮圖), 부두(浮頭), 포도(蒲圖) 등으로도 표기하는데 원래는 불타와 같이 붓다(buddha)를 음역한 것으로 솔도파(stupa), 즉 탑파의 의미로 부르기도 한다.

　　현재 남아 있는 최초의 승탑은 669년에 세워진 중국 서안 흥교사(興教寺)에 있는 현장(玄臟) 법사의 탑과 제자인 신라 승려 원측(圓測)의 탑이라고 알려져 있다. 우리나라에서는 신라의 원광(圓光), 혜숙(惠宿), 백제의 혜현(惠現) 스님 등의 부도가 정관 연간(貞觀 年間, 627~649년)에 세워졌다는 기록이 있으나 실물이 남아 있지 않아 어떤 형태로 언제 만들었는지 알 수 없다. 우리나라에서는 9세기 무렵 중국 당나라에서 들어온 선종이 크게 세력을 떨치면서 전국적으로 승탑이 조성되기 시작한다. 전국의 구산선문(九山禪門)의 승탑들이 그것이다. 현존하는 승탑 중 제작 연도가 알려진 가장 오래된 것은 (傳)원주(原州) 흥법사지(興法寺址) 염거화상탑(廉居和尙塔, 국보 제104호)으로, 사리함에서 나온 금동탑지판(金銅塔誌板)에 통일신라 문성왕 6년(844년)으로 기록되어 있다. 그러나 염거 화상(廉居和尙)은 도의 선사(道義 禪師)의 제자이므로 강원도 양양군 진전사지(陳田寺址)에 있는 도의선사탑(보물 제439호)이 가장 오래된 것으로 추정되고, 실제 우리나라 승탑의 시발점으로 추정된다(김환대,『한국의 승탑』, 이담, 2012).

2 승탑의 양식

승탑의 구조 및 명칭

승탑은 석탑과 마찬가지로 기단부(基壇部), 탑신부(塔身部), 상륜부(相輪部)로 구분된다. 기단부는 탑신(몸돌)을 올려놓는 기초 부분으로 지대석, 하대석 고임, 하대석, 중대석 고임, 중대석, 상대석 고임, 상대석으로 구성된다. 탑신부는 탑신, 탑신석(몸돌), 지붕돌로 구성된다. 상륜부는 상륜 받침 노반(露盤)을 기초로 하여 복발(覆鉢), 앙화(仰花), 보륜(寶輪), 보개(寶蓋), 수영(水煙), 용차(龍車), 보주(寶珠)로 여러 장식이 수직으로 구성되는데 일반적인 석탑의 상륜부와 거의 같다(그림 10-1).

상륜부

탑신부

지붕돌

탑신

상대석

중대석

기단부

중대석고임

하대석

지대석

그림 10-1. 승탑의 구조 및 부분별 명칭. 구례 연곡사 동승탑(국보 제53호)

그림 10-2. **위:** 여주 고달사지 승탑(국보 제53호)의 기단부.
하대석과 상대석에 연꽃무늬 장식이 있고, 중대석에 용과 구름무늬가 조각되어 있다.
아래: 공주 갑사 승탑(보물 제257호). 기단부에 사자, 구름, 용 등이 조각되어 있다.

그림 10-3. 화순 쌍봉사 철감선사탑(국보 제57호)의 탑신부.
탑신의 각 면마다 문비, 사천왕상, 비천상이 조각되어 있고, 지붕돌 낙수면에는 기왓골이 깊게 패여 있고,
각 기와의 끝에는 막새기와가 표현되어 있으며, 처마에는 서까래까지 사실적으로 표현되어 있다.

기단부에는 앙련(仰蓮)과 복련(覆蓮), 인신수두(人身獸頭), 운룡문(雲龍文), 사자상 등의 장식으로 불법을 수호하고 받들어 공경하는 모습으로 장엄된다(그림 10-2). 탑신부의 몸돌에는 사천왕상, 보살, 문비 등이, 지붕돌에는 낙수면 기왓골, 귀꽃, 비천상 등으로 장엄하게 된다(그림 10-3).

그림 10-4. 팔각원당형 승탑.
왼쪽: 원주 거돈사지 원공국사승묘탑(보물 제190호).
오른쪽: 남원 실상사 증각대사응료탑(보물 제38호)

한국 승탑의 형식

한국 승탑의 형식은 팔각원당형(八角圓堂型)과 석종형(石鐘型)의 두 형식으로 크게 나눌 수 있으며, 이 두 형식이 전형(典型)을 이루어 시대의 흐름에 따라 원구형(圓球形)으로 부분적인 변화를 거치면서 조선 시대까지 이어지며 지역적 특색을 보인다.

팔각원당형 승탑은 주로 9세기 후반에 나타나며, 기단부와 탑신부, 지붕돌, 상륜부 모두 팔각형으로 되어 있다(그림 10-4). 기단부와 탑신부에는 여러 가지 조각상들이 화려하게 장엄되어 있고, 주로 통일신라 후기와 고려 시대의 크고 화려한 승탑에서 볼 수 있다.

그림 10-5. 석종형 승탑. 여주 신륵사 보제존자석종(보물 제228호)

　　석종형 승탑은 범종을 받침대 위에 올려놓은 모습이어서 붙여진 이름으로 넓고 높은 방형 기단 위의 가운데에 종 모양의 몸돌을 세워 놓고, 그 위에 연꽃봉오리나 보주를 얹어 상륜을 구성하는 구조로 되어 있다(그림 10-5). 이 승탑은 고려 시대에 많이 만들어졌으며 조선 시대까지 이어졌고, 그 수도 가장 많다.

　　특수형 승탑은 양양 진전사지 도의선사탑이 대표적인데 방형 이층 기단 위에 팔각 탑신을 놓고, 팔각지붕돌 위에 연꽃봉오리로 상륜을 구성하고 있다. 정토사지(淨土寺址) 홍법국사실상탑(弘法國師實相塔)은 4각 지대석 위에 원형 탑신을, 법천사(法泉寺) 지광국사현묘탑(智光國師玄妙塔)은 장방형으로 원나라의 영향을 받아서 장식이 화려하며, 원주 영전사(令傳寺) 보제존자탑(址普濟尊者塔)은 방형 석탑을 모방하여 다들 형식 자체가 특이하다고 할 수 있다(김환대, 『한국의 승탑』, 이담, 2012).

한국 승탑의 명칭

우리나라 승탑의 명칭은 네 종류로 나눌 수 있다. 첫째, 승탑이 세워진 절 이름과 탑 주인을 알고 임금이 시호 및 탑명을 하사한 경우: 예를 들면 '청룡사 보각국사정혜원융탑'인 경우 이 승탑은 청룡사에 있고, '보각'은 입적 후 임금이 내려준 시호이고, '국사'는 입적한 스님의 생존 시 승적 또는 입적 후 추증된 승직, '정혜원융'은 임금이 내려 준 탑명이다. 둘째, 승탑이 세워진 절 이름도 알고 탑의 주인도 알 경우: 예를 들면 '쌍봉사 철감선사탑'은 쌍봉사에 설치된 철감 선사의 승탑을 말하며, '백련사 정광당 승탑'은 백련사에 세운 '정광당'이란 호를 가진 스님의 승탑을 말한다. 셋째, 탑 주인은 알지만 승탑이 세워진 절 이름이 확실하지 않고 전해져 오는 경우: 예를 들면 '(전)흥법사 염거화상탑', 즉 염거화상탑인데 흥법사에 있었다고 전해져 온다는 것을 말한다. 넷째, 승탑이 세워진 절 이름도 탑 주인도 발견된 장소도 모를 경우에는 석조 승탑이라 한다(김환대, 『한국의 승탑』, 이담, 2012, 25쪽).

3 시대별 대표적인 승탑

통일신라 시대

1) 전형 양식의 정립

우리나라의 승탑은 9세기 중엽부터 시작되었다고 생각되며 가장 오래된 것은 양양 진전사지 도의선사탑과 (전)흥법사지 염거화상탑이다. 양양 진전사지 도의선사탑(보물 제439호)은 신라 시대 석탑의 일반적인 형태인 방형 2층 기단 위에 앙련 고임 1석을 놓고 8각 탑신석과 8각의 지붕돌을 쌓은 특수한 양식이어서 팔각원당형 승탑의 전형 양식이 정립되기까지의 시원적인 양식이라고 생각된다(그림 10-6 왼쪽).

통일신라 시대의 전형적인 승탑 양식은 (전)흥법사지 염거화상탑(국보 제104호)에서 이루어졌다고 생각된다. 기단부는 물론이고 이 위에 놓인 탑신과 지붕돌, 상

그림 10-6. **왼쪽**: 양양 진전사지 도의선사탑(보물 제439호). **오른쪽**: (전)흥법사지 염거화상탑(국보 제104호)

륜부까지 모두 팔각으로 되어 있어 팔각원당형을 보인다. 이후 건립된 통일신라 시대의 모든 승탑은 이 형태를 기본으로 한다. 이 탑은 원래 강원도 흥법사 터에 서 있었다 하나, 이에 대한 확실한 근거가 없기 때문에 탑 이름 앞에 '전(傳)'자를 붙이게 되었고, 원래 위치에서 현재 국립중앙박물관에 옮겨져 있다. 사리를 모셔둔 탑신의 몸돌은 면마다 문짝 모양, 4천왕상(四天王像)을 번갈아 가며 배치하였는데, 입체감을 잘 살려 사실적으로 표현하였다. 지붕돌은 당시의 목조건축 양식을 특히 잘 따르고 있어서 경사면에 깊게 패인 기왓골, 기와의 끝마다 새겨진 막새기와 모양, 밑면의 서까래 표현 등은 거의 실제 건물의 기와지붕을 보고 있는 듯하다(그림 10-6 오른쪽). 꼭대기에 있는 머리장식은 탑을 옮기기 전까지 남아 있었으나, 지금은 모두 없어졌다(문화재청 자료에서 인용).

2) 대표적인 승탑

현재 통일신라 시대에 건립된 승탑 중 형태가 완전하며 건립 연대가 뚜렷한 것은 염거화상탑을 비롯하여 다음의 8기를 들 수 있다.

- (전)원주 흥법사지 염거화상탑((傳)原州 興法寺址 廉居和尙塔), 국보 제104호, 현재 국립중앙박물관 소재, 문성왕 6년(844년, 그림 10-6 오른쪽)

- 곡성 태안사 적인선사조륜청정탑(谷城 泰安寺 寂忍禪師照輪淸淨塔), 보물 제273호, 경문왕 원년(861년, 그림 10-7 왼쪽)

- 화순 쌍봉사 철감선사탑(和順 雙峯寺 澈鑒禪師塔), 국보 제57호, 경문왕 8년(880년, 그림 10-7 오른쪽). 탑은 전체가 8각으로 이루어진 일반적인 모습이며, 2단으로 마련된 하대석은 마치 여덟 마리의 사자가 구름 위에 앉아 있는 모습으로, 저마다 다른 자세를 취하고 있으면서도 시선은 앞을 똑바로 쳐다보고 있어 흥미롭다. 상대석 역시 2단으로 아래에는 연꽃무늬를 두르고, 윗단에는 극락조인 가릉빈가(伽陵頻迦)가 악기를 타는 모습을 도드라지게 새겨두었다. 탑신석 여덟 모서리마다 둥근 기둥 모양을 새기고, 각 면마다 문짝 모양, 사천왕상(四天王像), 비천상(飛天像) 등을 아름답게 조각해 두었다(문화재청 자료에서 인용).

- 장흥 보림사 보조선사창성탑(長興 寶林寺 普照禪師彰聖塔), 보물 제157호, 헌강왕 6년(880년, 그림 10-8 왼쪽)

- 문경 봉암사 지증대사적조탑(聞慶 鳳巖寺 智證大師寂照塔), 보물 제137호, 헌강왕 9년(883년)

- 남원 실상사 증각대사응료탑(南原 實相寺 證覺大師凝廖塔), 보물 제38호, 9세기 후반(그림 10-4 오른쪽)

- 남원 실상사 수철화상능가보월탑(南原 實相寺 秀澈和尙楞伽寶月塔), 보물 제33호, 진성여왕 7년(893년, 그림 10-8 오른쪽)

- 창원 봉림사지 진경대사보월능공탑(昌原 鳳林寺址 眞鏡大師寶月凌空塔), 보물 제362호, 경명왕 7년(923년)

고려 시대

1) 고려 초기의 석조 승탑

고려 성종 대까지를 고려 초기로 분류하며, 이 시기에 건립된 것으로 추정되는 승탑은 많이 남아 있다. 국보 또는 보물로 지정된 것만도 수십 기에 이른다. 이 가운데 건조 시기가 뚜렷한 7기를 대표로 들 수 있다.

- 원주 홍법사지 진공대사탑(原州 興法寺址 眞空大師塔), 보물 제365호, 태조 23년(940년, 그림 10-9 왼쪽 위)

- 강릉 보현사 낭원대사오진탑(江陵 普賢寺 朗圓大師惡眞塔), 보물 제192호, 태조 23년(940년)

- 곡성 태안사 광자대사탑(谷城 泰安寺 廣慈大師塔), 보물 제274호, 광종 원년(950년, 그림 10-9 오른쪽 위)

그림 10-7. **왼쪽:** 곡성 태안사 적인선사조륜청정탑(보물 제273호).
기단에는 면마다 사자상을, 탑신에는 앞뒤로 문비와 그 옆면에 사천왕상을 조각하였다.
오른쪽: 화순 쌍봉사 철감선사탑(국보57호). 현존하는 승탑 중 가장 아름답다.

그림 10-8. **왼쪽:** 장흥 보림사 보조선사창성탑(보물 제157호). **오른쪽:** 남원 실상사 수철화상능가보월탑(보물 제33호)

- 문경 봉암사 정진대사원오탑(聞慶 鳳巖寺 靜眞大師圓悟塔), 보물 제171호, 광종 16년 (965년)

- 여주 고달사지 원종대사혜진탑(驪州 高達寺址 元宗大師慧眞塔), 보물 제7호, 경종 2년(977년, 그림 10-9 왼쪽 아래)

- 서산 보원사지 법인국사보승탑(瑞山 普願寺址 法印國師寶乘塔), 보물 제105호, 경종 3년(978년, 그림 10-9 오른쪽 아래)

- (전)양평 보리사지 대경대사현기탑((傳)楊平 菩提寺址 大鏡大師玄機塔), 보물 제351호, 태조 22년(939년)

그림 10-9. **왼쪽 위:** 원주 흥법사지 진공대사탑(보물 제365호). **오른쪽 위:** 곡성 태안사 광자대사탑(보물 제274호).
왼쪽 아래: 여주 고달사지 원종대사혜진탑(보물 제7호). **오른쪽 아래:** 서산 보원사지 법인국사보승탑(보물 제105호)

그림 10-10. 원주 법천사지 지광국사현묘탑(국보 제101호)

2) 특수형 석조 승탑

고려 시대 초기인 10세기를 지나 11세기 이후가 되면 통일신라 시대에 정립된 팔각 원당형의 형식에서 벗어나 특이한 형식의 승탑이 건립되기 시작한다. 이러한 특수형 승탑으로는 다음의 3기를 대표로 들 수 있다.

• 충주 정토사지 홍법국사실상탑(忠州 淨土寺址 弘法國師實相塔), 국보 제102호, 현종 8년(1017년)

• 원주 법천사지 지광국사현묘탑(原州 法泉寺址 智光國師玄妙塔), 국보 제101호, 선종 2년(1085년). 일반적으로 통일신라 이후의 탑이 8각을 기본형으로 만들어진 것에 비

그림 10-11. 원주 영전사지 보제존자사리탑(보물 제358호)

해, 이 탑은 전체적으로 4각의 평면을 기본으로 하는 새로운 양식을 보여준다. 바닥돌은 네 귀퉁이마다 용의 발톱 같은 조각을 두어 땅에 밀착된 듯한 안정감이 느껴지며, 7단이나 되는 기단의 맨 윗돌은 장막을 드리운 것처럼 돌을 깎아 엄숙함을 느끼게 한다. 탑신에는 전후면에 문비형(門扉形)과 좌우에 페르시아풍의 격자창을 조각하고 다시 영락(瓔珞)으로 장식하였다. 지붕돌은 네 모서리가 치켜 올라가 있으며, 밑면에는 불상과 보살, 봉황 등을 조각해 놓았다. 머리장식 역시 여러 가지 모양을 층층이 쌓아 올렸는데, 비교적 잘 보전되어 있다(그림 10-10)(문화재청 자료와 두산백과에서 인용).

그림 10-12. 군위 인각사
보각국사정조지탑(보물 제428호)

그림 10-13. **왼쪽**: 충주 청룡사지 보각국사탑(국보 제197호).
오른쪽: 양평 용문사 정지국사탑(보물 제531호)

- 원주 영전사지 보제존자사리탑(原州 令傳寺址 普濟尊者舍利塔), 보물 제358호, 우왕 14년(1388년). 고려 우왕 14년(1388)에 세운 것으로, 승려의 묘탑으로서는 매우 이례적이며, 더욱이 거의 같은 양식으로 2기를 건립하였다는 점도 특이한 예이다. 2단의 기단 위에 3층의 탑신을 올린 모습이다(그림 10-11). 탑의 꼭대기에 있는 머리장식은 2기 모두 완전하게 남아 있지는 않다(문화재청 자료에서 인용).

3) 고려 후기의 석조 승탑

　　　　12세기 무인 정권이 들어서고 몽고 침략 등 사회적으로 불안한 13세기를
거쳐 14세기 말 고려 왕조의 쇠퇴기까지 약 2세기를 고려 후기라고 할 때 이 시기에 건
립된 대표적인 승탑은 다음과 같다.

• 포항 보경사 원진국사부도(浦項 寶鏡寺 圓眞國師浮屠), 보물 제430호, 고종 11년
　(1224년)

• 군위 인각사 보각국사탑(軍威 麟角寺 普覺國師塔), 보물 제428호, 충렬왕 21년(1295
　년, 그림 10-12)

• 여주 신륵사 보제존자석종(驪州 神勒寺 普濟尊者石鍾), 보물 제228호, 우왕 5년
　(1379년, 그림 10-5)

• 고양시 태고사지 원증국사탑(高陽市 太古寺址 圓證國師塔), 보물 제749호, 우왕 11년
　(1385년)

조선 시대

1) 조선 시대 전기의 승탑

　　　　조선 시대 전기의 석조 승탑 중 건조 연대가 확실하고 주인공을 알 수 있
는 것으로 다음의 5기를 대표로 들 수 있다.

• 충주 청룡사지 보각국사정혜원융탑(忠州 靑龍寺址 普覺國師定慧圓融塔), 국보 제
　197호, 태조 2년(1393, 그림 10-13 왼쪽)

• 양평 용문사 정지국사탑(楊平 龍門寺 正智國師塔), 보물 제531호, 태조 7년(1398년,

그림 10-13 오른쪽)

• 양주 회암사지 무학대사탑(楊州 檜巖寺址 無學大師塔), 보물 제388호, 태종 7년
  (1407년)

• 보은 법주사 복천암 수암화상탑(報恩 法住寺 福泉庵 秀庵和尙塔), 보물 1416호, 성종
  11년(1480년)

• 보은 법주사 복천암 학조등곡화상탑(報恩 法住寺 福泉庵 學祖燈谷和尙塔), 보물 제
  1418호, 중종 9년(1514년)

2) 조선 시대 후기의 승탑

　　　　　조선 시대 전기에는 고려 시대의 승탑 양식을 그대로 계승하고 있으나 15
세기 후반에 이르면서 점차 각 부위의 생략 현상이 나타난다. 임진왜란을 겪고 난 후부
터 변화를 보이는데, 팔각 원당형에서 1기의 석재로 세울 수 있는 석종형 양식이 많아진
다. 이런 가운데 일부 팔각 원당형 승탑이 건립되기도 한다. 대표적인 예를 들면 다음과
같다.

• 구례 연곡사 소요대사탑(求禮 鷰谷寺 逍遙大師塔), 보물 제154호, 효종 원년(1650
  년, 그림 10-14 위쪽)

• 달성 용연사 금강계단(達城 龍淵寺 金剛戒壇), 보물 제539호, 광해군 5년(1613년, 그
  림 10-14 아래쪽)

• 남양주 봉인사 부도암지 사리탑(南楊州 奉印寺 浮圖庵址 舍利塔), 보물 제928호, 광
  해군 12년(1620년)

그림 10-14.
위: 구례 연곡사 소요대사탑(보물 154호).
아래: 달성 용연사 금강계단(보물 제539호)

11장

진리의 빛, 석등

1 석등의 상징성, 한국 석등의 기원

한국의 전통 사찰에는 불전 앞에 석등이 서 있다. 1탑 1금당식 사찰에서는 탑 앞에 석등이 자리하고, 쌍탑 1금당식인 경우에는 쌍탑 가운데 놓인다(그림 11-1). 석등에 불을 밝힌다는 것은 무명을 밝힌다, 지혜의 광명을 밝힌다, 즉 자기 성품에 본래 갖추고 있던 불성을 밝힌다는 의미가 깃들어 있다. 불교에서는 등불이 진리, 나아가 부처 그 자체를 상징하는 것이지만, 그 외에도 물리적인 어둠을 밝혀 편의를 제공한다는 현실적이고 실제적인 가치가 있다. 따라서 절 안에 있는 등은 부처, 진리, 지혜의 상징, 그리고 어둠을 밝힌다는 의미와 기능 등이 복합적으로 담겨 있다.

그림 11-1. **왼쪽:** 부여 무량사 극락전 앞에 오층석탑(보물 제185호)과 석등(보물 제233호)이 나란히 서 있다.
오른쪽: 장흥 보림사 대적광전 앞 좌우 삼층석탑 가운데 서 있는 석등(국보 제44호)

이런 다양한 특성 때문에 석등은 불상이나 탑, 불화와 같은 다른 불교 조형물과는 다른 성격을 갖는다. 석등 또한 예배의 대상임에는 틀림없지만 그보다는 실용과 장식적인 면이 더 두드러진 것이 사실이다. 실제 절에서 보면 일반 신도들이 불상이나 불화, 탑 앞에서는 머리 숙여 예배드리는 모습을 자주 볼 수 있지만 석등에 절하는 모습은 흔히 볼 수 없다. 이는 석등이 불탑이나 불상, 불화보다 예배와 신앙의 대상으로서의 성격이 덜함을 보여주는 예라고 생각된다.

불교가 인도에서 중국을 거쳐 우리나라에 전해졌듯이 탑, 불상, 불화와 같이 석등도 인도에서 시작하여 중국을 거쳐 전해졌다고 생각된다. 우리나라 절에서는 중심 영역에 탑과 함께 석등을 흔히 볼 수 있지만 인도와 다른 불교 국가에서는 석등을 별로 볼 수 없다. 부처님이 태어나신 네팔에도 석등은 단 2기만 남아 있을 뿐이다. 불교가 사라진 인도는 그렇다 치더라도 중국과 일본에도 석등이 드물다. 중국은 우리보다 문물이 앞섰지만 이상하게도 고려 시대 이전으로 연대가 올라가는 석등은 단 2기만 현존하고 있다. 일본은 사찰에 상당수의 석등이 남아있지만 우리와는 달리 사찰의 중심 영역에서 벗어난 한쪽의 묘역에서 고인의 명복을 비는 용도로 쓰이거나 정원의 장식품으로 쓰이고 있을 뿐이다.

　　　　반면 우리나라는 약 280기의 석등이 남아 있다. 이중 완벽한 형태로 남아 있는 경우가 70여 기에 가깝다. 시대별로 보면 통일신라 시대와 고려 시대가 각각 30여 기, 조선 시대에 조성된 것이 10여 기 된다. 따라서 석등은 불교를 믿는 어느 곳에서나 보편적으로 발달했던 불교 미술품이라기보다는 한국에서 독자적으로 발달한 우리 고유의 불교 미술품이라고 생각된다(홍선, 『석등』, 눌와, 2011). 이러한 점에서 한국은 '석탑의 나라'에 이어 '석등의 나라'로 불릴 수 있는 독창적인 석등 문화를 이룩했다고 생각된다.

2 석등의 양식

석등의 구조와 용어

석등의 구조와 명칭은 〈그림 11-2〉에서 보는 바와 같다. 아래에서부터 대좌부(臺座部), 화사부(火舍部), 상륜부(相輪部) 세 부분으로 구성되어 있다. 석등이 땅과 닿는 부분을 지대석(址臺石)이라고 한다. 대개 평면 사각형이지만 간혹 팔각형인 경우도 있다.

지대석 위에 놓여 간주석(竿柱石, 기둥돌)을 받치고 있는 부분을 하대석(下臺石, 받침돌)이라고 한다. 하대석은 받침대와 복련석(伏蓮石) 두 부분으로 되어 있다. 받침대는 사각이나 팔각 평면을 이룬 얇은 판형 부분이고, 복련은 그 위에 꽃잎이 아래로 벌어진 연꽃무늬가 볼록하게 솟은 모양을 하는 부분이다. 받침대의 입면 부분이 도드라지면서 무늬가 새겨져 뚜렷한 독자성을 띠거나 별도의 돌로 만들어지는 경우가 있는데, 이런 경우 하대하석(下臺下石) 또는 기대석(基臺石)이라고 한다.

복련석에 꽂혀 기둥처럼 버티고 선 돌을 간주석(竿柱石) 또는 기둥돌이라고 한다. 간주석 위에 놓은 하늘을 향해 피어난 연꽃잎으로 장식된 돌이 상대석인데, 그

그림 11-2.
장흥 보림사 석등
(국보 제44호)

보주

보개

보륜

상륜부

지붕돌(옥개석)

화사석

화사부

앙련석

간주석(기둥돌)

대좌부

복련석

하대석

기대석

지대석

436

생긴 모양 때문에 앙련석(仰蓮石)이라고도 부른다. 지대석에서부터 앙련석까지를 대좌부라고 한다.

상대석(앙련석) 위에 놓여서 그 안에 등불을 켤 수 있도록 마련된 돌을 화사석(火舍石)이라고 한다. 화사석에 구멍을 뚫어 불빛이 새어 나오도록 한 것이 화창(火窓)이다. 화사석을 덮고 있는 지붕 모양을 한 돌을 지붕돌(옥개석, 屋蓋石)이라고 한다. 화사석과 지붕돌이 석등의 화사부를 구성한다.

지붕돌 위의 장식부를 상륜부라 하는데, 보주형(寶珠形)과 보개형(寶蓋形) 두 가지 형태가 있다. 보주형은 지붕돌 위에 연꽃 봉오리나 보주라고 부르는 구슬 모양의 부재 하나만을 올려놓아 간결하고 소박한 모습이다. 반면 보개형은 보륜(寶輪), 보개(寶蓋), 보주(寶珠) 등 좀 더 많은 부재를 사용하여 한층 복잡하고 화려한 모습을 보인다(홍선, 『석등』, 눌와, 2011).

한국 석등의 양식

현존하는 우리나라 석등은 일반적으로 화사석 형태에 따라 그 양식을 구분한다. 화사석의 형태에 따라 구분하면 크게 팔각 석등, 육각 석등, 사각 석등의 세 가지로 나눌 수 있다(그림 11-3).

팔각 석등은 우리나라에서 가장 먼저 등장한 석등으로 삼국 시대부터 조선 시대까지 이어져 우리나라 석등의 주류를 이룬다. 백제에서 시작된 팔각 석등은 통일신라 시대에 많이 조성되었다. 육각 석등은 통일신라 후기에 등장해서 고려 전반기까지 유행하다 사라졌다. 일종의 과도기적 양식이라 생각된다. 사각 석등은 고려 시대에 시작

그림 11-3. 왼쪽: 팔각 석등, 경주 불국사 대웅전 앞 석등. 가운데: 육각 석등, 화천 계성리 석등(보물 제496호, 문화재청 자료).
오른쪽: 논산 관촉사 석등(보물 제232호)

하여 조선 시대까지 계속 이어진다. 사각 석등은 고려 말부터는 왕릉이나 사대부 무덤 앞에 설치하는 장명등(長明燈)으로 옮겨가면서 조선 시대에 들어서면 본격적으로 바뀐다. 즉, 절에 세운 석등이 불교가 쇠퇴하면서 무덤 앞의 장명등으로 바뀐 것이다.

　　　　팔각 석등은 양식적으로 세분할 수 있는데 상대석을 받치는 간주석의 형태에 따라 분류한다. 간주석이 팔각기둥 모양인 팔각간주 석등(그림 11-4 왼쪽), 장구 몸통처럼 생긴 고복형(鼓腹形) 석등(그림 11-4 오른쪽), 그리고 간주석이 사자상으로 대치된 쌍사자 석등(그림 11-5 왼쪽)과 공양을 올리는 수행자상으로 대치된 공양인물상 석등(그림 11-5 오른쪽) 등으로 나눌 수 있다. 이를 발생 연대순으로 보면 팔각간주 석등이 가장 앞서고, 고복형 석등이 그 뒤를 이어 나타나며, 쌍사자 석등이나 공양인물상 석등이 다시 그 뒤를 따른다(홍선, 『석등』, 눌와, 2011).

그림 11-4. **왼쪽:** 팔각간주 석등, 보령 성주사지 석등(충남 유형문화재 제33호).
오른쪽: 고복형 석등, 남원 실상사 석등(보물 제35호)

그림 11-5. **왼쪽:** 쌍사자석등, 보은 법주사 쌍사자석등(국보 제5호).
오른쪽: 공양인물상 석등, 구례 화엄사 쌍사자삼층석탑 앞 석등(국보 제35호)

3 시대별 대표적인 석등

삼국 시대

삼국 시대에 최초로 석등을 건립한 나라는 백제이다. 현존하는 우리나라 최고(最古)의 석등은 삼국 말 백제 하대의 도읍인 부여와 그 이남의 익산 지구의 사원 건립에서 조형되었으며 방대(方臺) 위에서 8각을 기본으로 위아래에 팔판연화대석(八瓣蓮花臺石)과 팔각사면방창(八角四面方窓)의 화사(火舍)와 팔각옥개(八角屋蓋)를 각 1석으로써 결구하여 건립한 것으로 추정된다(박경식,『한국의 석등』, 학연문화사, 2013). 익산 미륵사지에 남아있는 부재들을 보면 미륵사지 석등은 탑-석등-금당 순으로 3기가 일직선상으로 건립된 것으로 추정된다. 미륵사지 석등은 남아 있는 화사석과 지붕돌을 근거로 복원하여 국립전주박물관 뜰에 있다.

그림 11-6. 경주 불국사 대웅전 앞 석등.
백제 미륵사지에서 완성된 일반형 석등의 양식을
충실히 보여주고 있을 뿐만 아니라
8세기를 대표하는 석등이다.
하대석, 간주석, 상대석으로 이루어진 기단부와
화사부를 구비한 높이 3.1m 규모의 일반형 석등이다.

통일신라 시대

1) 8세기 석등

　　　8세기에 건립된 것으로 추정되는 석등 중 가장 완전한 양식을 보이고 있는 것은 불국사 대웅전 앞에 건립되어 있는 것이 유일하다(그림 11-6). 이 외의 석등들은 주로 하대석 위주로 일부 부재들만 남아 있어 여러 사찰에서 석등이 건립되었음을 알려주고 있다(박경식,『한국의 석등』, 학연문화사, 2013).

그림 11-7. **왼쪽부터:** 경주 불국사 극락전 앞 석등, 청도 운문사 금당 앞 석등(보물 제193호), 장흥 보림사 석등(국보 제44호), 남원 실상사 백장암 석등(보물 제40호)

2) 9세기 석등

가. 일반형 석등

일반형 석등은 평면 팔각형의 구도를 지니면서, 기단부와 화사석 그리고 상륜부를 구비한 석등을 의미한다. 9세기에 건립된 일반형 석등으로는 경주 불국사 극락전 앞 석등(그림 11-7 맨 왼쪽), 경산 불굴사 석등, 청도 운문사 금당 앞 석등(보물 제 193호, 그림 11-7 왼쪽에서 두번째), 청도 운문사 비로전 앞 석등(보물 제835호), 양산 취서사 석등(경북 문화재자료 제158호), 대구 부인사 석등(경북 문화재자료 제16호), 밀양 표충사 석등(경남 유형문화재 제13호), 장흥 천관사 석등(전남 유형문화재 제134호), 장흥 보림사 석등(국보 제 44호, 그림 11-7 세번째), 보령 성주사지 석등(충남 유형문화재 제33호, 그림 11-4 왼쪽), 봉화 축서사 석등(경북 문화재자료 제158호), 남원 실상사 백장암 석등(보물 제40호, 그림 11-7 맨 오른쪽)과 대구 부인사 동방사지 석등 등이 대표적인 예들이다. 이 석등들은 표면에 아무런 장엄 조식을 하지 않고 삼국 시대 이래의 전통적인 양식을 보이고 있다(박경식, 『한국의 석등』, 학연문화사, 2013).

그림 11-8. 사천왕상 팔각 간주석 석등.
왼쪽: 보은 법주사 사천왕석등(보물 제15호). **가운데:** 영주 부석사 무량수전 앞 석등(국보 제17호).
오른쪽: 합천 해인사 석등(경남 유형문화재 제255호). 화사석 4면에 사천왕상이 조각되어 있다.

팔각 간주석 일반형 석등 중 화사석 4면에 사천왕상을 조각한 경우로는 보은 법주사 사천왕석등(보물 제15호, 그림 11-8 왼쪽), 영주 부석사 무량수전 앞 석등(국보 제17호, 그림 11-8 가운데), 합천 백암리 석등(보물 제381호), 합천 해인사 석등(경남 유형문화재 제255호, 그림 11-8 오른쪽) 등이 남아 있다.

나. 특수형 석등

고복형 석등

고복형 석등은 기존에 확립된 팔각 간주석의 중심부를 부풀려, 마치 장구 2개를 잇대어 세워놓은 듯한 모습이라 붙여진 명칭이다. 이 같은 변화로 인해 기왕에 조성되던 화사부보다 더 크고 무거운 부재를 놓을 수 있는 구조를 확보함으로써 대형 석등을 조성할 수 있는 기반을 마련했다. 9세기에 건립된 고복형 석등은 합천 청량사 석등

그림 11-9. **왼쪽:** 구례 화엄사 각황전 앞 석등(국보 제12호). 이 석등은 높이 636cm로 우리나라 모든 석등 중 가장 큰 석등이다. 이 석등은 필요한 최소한의 치장 외에는 가급적 장식을 배제하여 소박 간명하다. 상륜부가 온전히 남아 있다는 점도 특이하다.
오른쪽: 양양 선림원지 석등(보물 제445호)

(보물 제235호), 담양 개선사지 석등(보물 제111호), 남원 실상사 석등(보물 제 35호, 그림 11-4 오른쪽), 구례 화엄사 각황전 앞 석등(국보 제12호, 그림 11-9 왼쪽), 양양 선림원지 석등(보물 제445호, 그림 11-9 오른쪽), 임실 용암리사지 석등(보물 제267호) 등 모두 6기가 남아 있다(박경식, 『한국의 석등』, 학연문화사, 2013).

쌍사자 석등

쌍사자 석등은 간주석에 두 마리의 사자를 세워 화사석을 받고 있는 양식의 석등을 지칭한다. 이 계통의 석등은 단조로운 팔각 간주석에 사자를 배치함으로써 고복형 석등과는 또 다른 생동감을 주고 있다. 쌍사자 석등이 지닌 조형사적 의미는 세

그림 11-10. 보은 법주사 쌍사자 석등(국보 제5호; 왼쪽 사진)과
쌍사자 확대 모습(오른쪽 사진)

계 어느 나라에서도 같은 양식의 조형물을 찾아볼 수 없다는 독특함에 있다. 9세기에
건립된 쌍사자 석등은 현재 법주사 쌍사자 석등(국보 제5호, 그림 11-10), 합천 영암사지
쌍사자 석등(보물 제353호), 광양 중흥산성 쌍사자 석등(국보 제103호) 3기가 남아 있다
(박경식, 『한국의 석등』, 학연문화사, 2013).

　　　법주사 쌍사자 석등(국보 제5호)은 두 마리 사자가 가슴을 맞대고 X자 모
양으로 안정감을 취하며(그림 11-10 왼쪽) 서로 다른 입 모양을 하고 있는 점이 특이하
다. 한 마리는 '아' 하고 입을 벌리고 있고, 다른 한 마리는 '훔' 하고 입을 다물고 있다
(그림 11-10 오른쪽). '아'와 '훔'은 산스크리트의 첫 글자와 마지막 글자이다. 이 두 글자
는 각각 처음과 끝, 생성과 소멸, 창조와 파괴를 의미한다. 이 두 글자가 합쳐지면 '옴'이

그림 11-11. 구례 화엄사 사사자삼층석탑(국보 제35호)과 공양인물상 석등(오른쪽 사진)

라는 글자가 되는데, 이 글자에는 완성, 조화, 통일 등 만 가지 덕이 갖추어진 것으로 이해된다. 이런 이유로 모든 진언은 모두 '옴'이라는 글자로 시작된다. 이는 단지 사자를 동물로 표현한 것이 아니라 석굴암의 인왕상처럼 인격을 부여한 진리의 수호자인 사자 모습의 인왕상이라고 생각된다(흥선, 『석등』, 눌와, 2011).

공양 인물상 석등

공양 인물상 석등은 일반형 석등의 양식에서 간주석 부분을 공양하는 모습의 인물상으로 만든 석등이다. 현재 구례 화엄사 사사자삼층석탑 앞 석등(그림 11-11)과 북한의 금강산 금강암 터 석등 등 2기만 남아 있다.

그림 11-12. 고려 시대 일반 팔각형 석등. **왼쪽**: 부여 무량사 석등(보물 제233호).
가운데: 충주 미륵사지 석등(충북 유형문화재 제19호). **오른쪽**: 김제 금산사 석등(보물 제828호)

고려 시대

1) 일반형 석등, 팔각형 석등

이 유형의 석등은 백제와 신라, 그리고 통일신라 시대를 거치며 확립된 평면 팔각형의 양식을 지칭하는 것으로 고려 시대에 이르러서도 지속적으로 건립되었다. 현재 남아 있는 대표적인 석등으로는 보은 법주사 약사전 앞 석등, 보은 법주사 팔상전 앞 석등, 부여 무량사 석등(보물 제233호, 그림 11-12 왼쪽), 충주 미륵사지 석등(충북 유형문화재 제19호, 그림 11-12 가운데), 김제 금산사 석등(보물 제828호, 그림 11-12 오른쪽), 양주 봉선사지 석등, 나주 서문 석등(보물 제364호) 등을 들 수 있다.

2) 고려식 석등

하대석으로부터 옥개석에 이르기까지 대부분의 부재가 육각형의 평면을 구비한 새로운 양식의 석등으로는 합천 해인사 원당암 석등, 금강산 정양사 육각 석등, 신천 자혜사 육각 석등 등이 해당된다.

앞서 살펴본 육각형 석등과 같이 고려 시대에 이르러 새롭게 탄생한 양식으로 팔각형의 평면에서 벗어나 모든 부재가 사각형 방형을 유지하고 있다. 이 석등은 개성으로부터 논산과 충주에 이르기까지 비교적 광범위한 지역에 건립되었다. 대표적인 석등으로 논산 관촉사 석등(보물 제232호, 그림 11-13 왼쪽), 충주 미륵사지 사각석등(충북 유형문화재 제315호, 그림 11-13 오른쪽), 개성 헌화사 터 석등, 개성 개국사 터 석등, 양주 회암사 나옹선사 부도 앞 석등 등을 들 수 있다.

3) 특수형 석등

고려 시대에 건립된 특수형 석등은 고복형 석등, 쌍자자 석등과 간주석이 부등변 팔각형으로 조성된 석등으로 앞 시대에 이룩한 양식을 계승하고 있음을 알 수 있다. 비록 일반형 석등에 비해 수적으로는 소수에 불과하지만, 고려 나름대로의 예술 의식을 잘 드러내고 있다.

고려 시대에 건립된 고복형 석등은 화천 계성리 석등과 철원 고궐리 석등이다. 고려 시대의 쌍사자 석등은 여주 고달사지 석등(보물 제282호) 한 기만 건립되었다. 고달사지 석등은 본래 경기도 여주군 북내면 상교리에 자리한 고달사지에 있었다. 1959년에 경복궁으로 옮겨졌고, 현재는 국립중앙박물관에 전시되어 있는 높이 3.2m 규모의 석등이다(그림 11-14 왼쪽). 하대석에는 쌍사자를 배치하고 있을 뿐만 아니라 간주석에서도 전형적인 양식과는 다른 면을 보이고 있어 특수형 석등으로 분류되고 있다.

그림 11-13. 고려 시대 사각 석등. **왼쪽:** 논산 관촉사 석등(보물 제232호).
오른쪽: 충주 미륵사지 사각 석등(충북 유형문화재 제315호)

        부등변 팔각 석등은 사각 또는 팔각의 간주석에 변형을 가해 부등변 팔각형으로 조성한 유형을 의미한다. 이 형식의 석등은 통일신라 시대에 조성된 부인사 일명 암지 석등이 있고, 군산 발산리 석등(보물 제234호)과 양산 통도사 관음전 앞 석등(경남 유형문화재 제70호, 그림 11-14 오른쪽) 2기가 있다(박경식, 『한국의 석등』, 학연문화사, 2013).

그림 11-14. 왼쪽: 고달사지 쌍사자 석등(보물 제282호).
오른쪽: 양산 통도사 관음전 앞 부등변 팔각형 석등(경남 유형문화재 제70호)

조선 시대

조선 시대에 조성된 석등은 앞 시대와는 비교가 되지 않을 만큼 소수인 7
기만이 확인되고 있다. 이처럼 석등의 건립이 급격히 줄어드는 것은 성리학의 발달에 따
른 불교계의 위축과 더불어, 불사의 헌등적 요소로서의 석등의 쓰임새가 점차 희박해지
고 비종교적인 요소에 입각한 능묘 분야로 전환되는 것을 주된 이유로 보고 있다. 통일
신라와 고려 시대에는 다양한 계통의 석등이 조성되었지만, 조선 시대에 이르면 사각형
과 쌍사자형 석등의 두 양식만이 조성되고 있다.

그림 11-15. **왼쪽:** 양산 통도사 개산조당 앞 석등.
오른쪽: 충주 청룡사지 보각국사 정혜원융탑 앞 석등(보물 제656호)

사각형 석등은 고려 시대에 등장한 새로운 양식으로, 조선 시대에 이르러서도 계속 건립되고 있다. 모두 5기가 확인되는데 양산 통도사 개산조당 앞 석등(그림 11-15 왼쪽), 여수 흥국사 석등, 무안 법천사 목우암 석등, 함평 용천사 석등, 가평 현등사 함허대사 부도 앞 석등 등이다.

조선 시대에 건립된 쌍사자 석등은 충주 청룡사지 보각국사 정혜원융탑 앞 석등(보물 제656호, 그림 11-15 오른쪽)과 양주 회암사지 쌍사자 석등(보물 제389호) 2기에 불과하다.

참고문헌

* 강우방·신용철,『한국 미의 재발견 5. 탑』, 솔출판사, 2003

* 곽철환,『시공 불교사전』, 시공사, 2003

* 권중서,『사찰의 문과 다리』, 대한불교진흥원, 2010

* 김봉렬,『가보고 싶은 곳 머물고 싶은 곳』, 안그라픽스, 2002

* 김봉렬,『한국 미의 재발견 11. 불교건축』, 솔출판사, 2004

* 김환대,『한국의 승탑』, 이담, 2012

* 두산백과, www.doopedia.co.kr

* 문명대,『한국조각사』, 열화당, 1980

* 문화재청, www.cha.go.kr

* 박경식,『한국의 석탑』, 학연문화사, 2008

* 박도화,『빛깔 있는 책들 53. 보살상』, 대원사, 2000

* 백유선,『우리 불교 문화유산 읽기』, 두리미디어, 2004

* 심대섭·심대현,『불교문화총서 2. 닫집』, 대한불교진흥원, 2010

* 유상,『사찰여행 42』, 상상출판, 2010

* 임석재,『우리 옛 건축과 서양 건축의 만남』, 대원사, 1999

* 자현,『사찰의 상징 세계』, 불광출판사, 2012

* 전영우,『비우고 채우는 즐거움, 절집 숲』, 운주사, 2011

* 전통사찰관광종합정보, www.koreatemple.net

* 진홍섭,『빛깔 있는 책들 40. 불상』, 대원사, 2001

* 최순우,『배흘림기둥에 서서』, 학고재, 1994

* 한국문화유산답사회,『답사여행의 길잡이 3. 동해·설악』, 돌베개, 2011

* 한국민족문화대백과, 한국학중앙연구원

* 한국박물관연구회,『한국의 박물관 - 불교』, 문예마당, 2000

* 허균,『사찰 100미 100선』, 불교신문사, 2007

* 허균,『사찰 장식 그 빛나는 상징의 세계』, 돌베개, 2003

* 허균,『사찰장식의 선과 미』, 다할미디어, 2008

* 허상호,『불교문화총서 5. 수미단』, 대한불교진흥원, 2010

* 홍선,『석등』, 눌와, 2011

찾아보기